Cómo dar una buena clase

José Cabeza y Salvador Gómez

Cómo dar una buena clase

Estrategias, experiencias didácticas y desafíos emocionales

ALBA

ALBA **GUÍAS + DEL ESCRITOR**

Baixada de Sant Miquel, 1 08002 Barcelona
www.albaeditorial.es

DISEÑO: Pepe Moll de Alba

PRIMERA EDICIÓN: enero de 2024

ISBN: 978-84-1178-029-2
DEPÓSITO LEGAL: B 21509-2023

IMPRESIÓN: Liberdúplex, s. l. u.
Ctra. BV 2241, km 7,4 Polígono Torrentfondo
08791 Sant Llorenç d'Hortons (Barcelona)

IMPRESO EN ESPAÑA

Sumario

A los 8.400 alumnos a los que
hemos dado clase, aproximadamente

El recto camino que descubrí tardíamente,
cansado de mi extravío, lo muestro a los demás.

Séneca

Introducción

–Joven –me dijo–, no debes volver nunca más al mar. Debes interpretar lo ocurrido como una señal clara e irrefutable de que no has nacido para marino.

–¿Por qué, señor? –le respondí–. ¿Acaso renunciará usted al mar en adelante?

–Mi caso es diferente –dijo él–. Es mi vocación y, por tanto, mi deber…

Robinson Crusoe, DANIEL DEFOE, 1719

¿Para qué sirve una clase?

Antes de ser profesor universitario sabía para qué servía una clase; ahora, miles de clases después, tengo más dudas. Algunos profesores (más de los que serían convenientes) creen que todas sus clases son buenas; otros buscan una clase perfecta como si fuera El Dorado, es decir, sin posibilidad de encontrarla; los hay que esperan una buena clase como si estuvieran esperando el autobús. Y también está el grupo que –por frustración o cansancio– jamás se pregunta si dio una buena clase o no. Todos hemos compartido una o varias de estas sensaciones en algún momento de nuestra vida profesional y eso nos lleva a una conclusión: obsesionarnos con cualquiera de ellas diluye nuestra capacidad para entender el sentido de nuestro trabajo.

No deja de ser una paradoja que los profesores hablemos tanto de cómo dar clase (ya sea a través del aprendizaje colaborativo, la gamificación o la *flipped classroom* –aula invertida–), sin detenernos a pensar cuál es el objetivo de todo ese esfuerzo. ¿Para qué damos clase? Las Inteligencias Artificiales, Google o YouTube nos ofrecen mucha información y ninguna respuesta clara sobre por qué dedicamos nuestra vida a que el conocimiento llegue a otros: lógico, no buscamos el año del descubrimiento de América, sino la explicación de un oficio. Dar clase es una elección personal que no puede enseñarse, pero puede aprenderse.

Tengo la convicción de que una clase (o una asignatura) solo puede funcionar como una invitación. Una invitación a querer saber más para los que asisten a ella y cuyo éxito o fracaso depende en cierta medida de que esa invitación se acepte. Asumo la clase como algo necesario y fascinante, pero también entiendo que el sistema educativo en el que surge tiene muchas deficiencias y particularidades (inclusión social, infraestructuras educativas, contratos miserables, ratios, alumnos insufribles, profesores más insufribles aún, etc.) que afectan a su desarrollo, pero creo que –por encima de todos esos problemas– se puede crear una conexión.

¿Cómo dar una buena clase?

Lo primero que hace cualquier profesor o profesora preocupados por hacer bien su trabajo es buscar en Google. La búsqueda se hace de varias formas, pero todas parten de una redacción más o menos similar: ¿cómo dar una buena clase?

Lo que puedes encontrar en Google, libros, charlas TED o vídeos de YouTube o TikTok es conocimiento (en un porcentaje bastante irregular, eso sí), verborrea y, en ocasiones, falta de escrúpulos. No solo es complicado diferenciar lo valioso de lo que no lo es, sino que también eso depende de nuestra perspectiva. Cada una de esas aportaciones al arte efímero de la clase se asemeja a la explicación de *¿cómo ser un animal?* contada por cada uno de los animales del planeta. Todos ellos tienen experiencia en el tema y están de acuerdo en algunas cosas básicas, pero también parece que cada uno entiende lo esencial de forma completamente diferente; y así resulta complicado llegar a consensos, por ejemplo, entre la perspectiva del león marino y la del colibrí.

Del mismo modo, todos los libros y experiencias compartidas parten de un engaño del que nosotros somos responsables: el deseo de encontrar un manual para cada problema, cada duda y cada alumno. Si el león marino trata de obtener su alimento de la misma forma que el colibrí, descubrirá que el néctar de las flores no es suficiente para sostener su volumen; y que su lengua y su incapacidad para volar no le hacen muy eficaz para un método de vida que sí funciona en el ave. Por su parte, el colibrí no encontrará facilidades en el hábitat del león marino para su supervivencia, ni le ayudará demasiado no adaptarse a la dieta de calamares, pulpos y peces del mamífero. Y para hacerlo todo aún más difícil (o emocionante) hay que tener en cuenta que, en el caso del profesor (y en muchos otros), se puede ser durante una época león marino y, en otra, colibrí.

Y de esa dificultad se aprovechan libros y charlas de sofistas (perdón, seamos claros: caraduras) que nos mienten sobre lo que vamos a conseguir: ya sea *Aprender japonés en*

7 días o descubrir *Cómo dar una buena clase* en la mitad de los días dedicados a aprender japonés. No es fácil entender algo con profundidad, tampoco dominarlo y mucho menos crearlo siguiendo una guía o lo que tú interpretas como una guía. También un libro de estas características puede ser más eficaz o más útil dependiendo de las personas que lo leen, de su talento, actitud, aguante o esperanza en el proceso que se explica. ¿Cuántas mentiras te has contado sobre para qué te iba a servir un libro? Por eso, las páginas siguientes alternan diferentes verdades y mentiras en función de su lector.

Cuando alguien lee un libro sobre cómo crear una buena clase (para personas de diecisiete años a infinito) tiene una primera duda: ¿este sabe dar una buena clase?, ¿está tan seguro de su conocimiento sobre el oficio como para escribir este libro? Charles Bukowski repudia en una carta a algunos escritores amigos –con una trayectoria más bien mediocre– que se dedican a enseñar escritura creativa en la universidad. El autor de *La senda del perdedor* (título muy de profesor saliendo del aula en un día turbulento) apunta y dispara: ¿quiénes son esos narcisistas que enseñan algo que ellos mismos no saben hacer? Es como si un tipo viene y te dice *how to fuck because he thinks he fucks good*. Es cierto que una clase tiene ese algo de íntimo y único que Bukowski entiende como no transmisible, pero también tiene algo de viaje compartido: igual que los que visitan Nueva York vuelven contando muchas cosas similares de viajes con propósitos e itinerarios diferentes, los que dan clase atraviesan emociones, circunstancias y desafíos que bien mirados tienen una forma tan variada como única. Y si cuando vas a Nueva York por primera vez tienes a un amigo que lleva veinte años viviendo allí y te lleva a lugares recónditos, tu viaje es diferente; quizá no mejor, pero sí más auténtico, lejos del Nueva York de las películas o de las guías y quizá más cerca de lo que piensa un neoyorquino un martes por la tarde. Eso es este libro.

Este libro es honesto con sus lectores. Ni te ofrece ni debes esperar una estrategia infalible para ganar al tres en raya. Estas páginas no te cuentan nada mágico: la magia solo está en darse cuenta, en asumir y en reaccionar. Cualquier libro que te haya dicho que algo así es fácil te ha mentido, y tú has querido comprar esa mentira en forma de ilusión. Este libro depende tanto de lo que transmite como de lo que despierta; solo busca acompañarte, y eso no es poco.

¿Qué necesitas para dar una buena clase?

Todos los que damos clases, conferencias o charlas tenemos un mínimo de honestidad profesional, como los panaderos que quieren que sus hogazas estén bien horneadas, ni más ni menos. Somos artesanos de las palabras y del tiempo. Y nos debe preocupar hacer las cosas bien; por eso miramos libros, quizá nos apuntamos a un curso de innovación docente, cogemos un poco de los profesores que nos han marcado o trasteamos por Internet para encontrarnos con consejos sobre cómo dar una buena clase del tipo «presenta tus clases de forma atractiva», «sé creativo», «conoce a tus alumnos», «planifica o estructura tu material»... Todos estos consejos se parecen a las recetas de cómo hacer la tortilla de patata: son útiles, pero transmiten la muy equívoca sensación de que es fácil. Haz esto, haz lo otro y ya está. Pim, pam, pum. ¿No? No. Dar una buena clase es complejo; y lo es porque requiere de una cosa que no es fácil de detectar, digerir y elaborar: la humildad.

Humildad (y paciencia) para entender muy bien quién eres, quién es el alumno y cuáles son los múltiples mecanismos emocionales que se tienen que dar para que haya una conexión entre ambos.

Humildad al descubrir que no te forman para ser profesor y que nadie te pide un carné para dar clases; ni te exigen absolutamente nada. ¿Sabes hablar? Sí. Perfecto. Entra en el aula, avanza hasta la zona donde termina la hilera de mesas y mira al frente. ¿Hay gente allí esperando? Enhorabuena: ya eres profesor... lleva cierto tiempo y humildad entender que no lo eres.

Humildad para asumir que eres un payaso (en el buen sentido), un actor, un policía, un gilipollas (aquí no hay posibilidad de buen sentido: no le puedes caer bien a todo el mundo), un mentor, un juez, un fiscal, un condenado, el responsable de un *parking* humano donde la gente pasa tiempo y a veces no sabe muy bien para qué, un motivador, una *cheerleader*, un cruce entre Papá Pitufo y el Pitufo Gruñón, el santo Job y puedes seguir tú solo tres líneas más: eso es ser profesor.

Humildad para entender que tu trabajo es creativo y que, por lo tanto, hay días en que te sacan a hombros y otros en que te tiran huevos podridos, simbólicamente (pero lo simbólico también deja heridas y hace feliz). Estos días existen y es importante que aprendas a distinguirlos para potenciar unos y reducir al máximo (nunca al cero) los otros.

Humildad para comprender que nadie te pide que seas el Mozart de la educación, así que no te lo pidas a ti mismo. Entiende quién eres, cuál es tu trabajo y busca proyectarte en el aula para ser fiel a ambas realidades.

Así que aquí tienes el primer elemento innegociable de este libro (aún no estamos seguros de si el único): la humildad. Tal vez si eres como Nietzsche en su *Genealogía de la moral* pienses que la humildad es la virtud propia de los esclavos, incapaces de vengarse de sus amos, o que, a la manera de los filósofos antiguos, igualas humildad con ignorancia. Bueno, es tu decisión. Se puede ser un excelente docente sin humildad, pero la capacidad de mejora sin ella está muy limitada y te condena, y más en un entorno de cambios constantes, a pensar que los demás están equivocados o que no merece la pena averiguar si lo están: ninguna de las dos opciones es buena. Alguien dirá: a Steve Jobs no le fue tan mal sin humildad. ¿Seguro? Jobs fue un visionario tecnológico sin necesidad de ser humilde, pero no serlo le limitó en otros aspectos de su vida como su intento de tratarse un cáncer de páncreas en un primer momento con acupuntura y cambios dietéticos. *Spoiler:* no funcionó. Su segunda opción fue la medicina, que tampoco le salvó… pero después de operarse vivió siete años más. La humildad exige sentido crítico: no siempre se puede tener razón, aunque en tu trabajo sientas que vaya implícito tener razón.

Ser humilde nos permite conectar con las personas a las que queremos enseñar, porque aceptamos que podemos estar equivocados, y si nosotros podemos estar equivocados ellos también asumen con tranquilidad que pueden estarlo. Así abrimos las ventanas de la clase y entra el aire de la comprensión y de la sensación de comunidad. Hablamos y escuchamos sin dejar de ser alumnos y profesor. Ahí está la conexión, o al menos el comienzo.

Solo con ese punto de partida estaremos preparados para intentar dar una buena clase.

¿Por qué no es fácil dar una buena clase?

> Y en primer lugar le hice saber que su nombre sería Viernes, que era el día en que le había salvado la vida. Asimismo, le enseñé a decir amo, y le hice saber que ese era mi nombre.
>
> *Robinson Crusoe,* Daniel Defoe, 1719

Una buena clase se enfrenta a muchos tipos de desafíos e interferencias. Todo aquello que interrumpe, altera o distorsiona un mensaje se denomina «ruido». Algunos ruidos son estructurales (masificación, tipo de aula, una excavadora en plena explicación, tener que dar clase justo después de la hora de comer, etc.) y no podemos hacer mucho para evitarlos, pero las principales fuentes de ruido sobre las que sí podemos intervenir son fácilmente detectables: tú (el profesor), ellos (los alumnos) y los dos elementos juntos: ellos y tú (nosotros).

Tú

Si das la clase eres el jefe

Así es, tú eres el jefe. O la jefa. Y si nadie te ha avisado, lo siento. Entrar en el aula es como jugar a un videojuego: las decisiones te corresponden a ti y a nadie más. Las clases en las que las decisiones importantes «las tomamos entre todos» son tan hipócritas como los que critican a los alumnos por no venir a clase cuando ellos buscan febrilmente si ese año los días de fiesta coinciden con sus clases. En fin, te toca ser jefe y ahora tienes que decidir si intentas ser uno bueno o malo. ¿Sabes la diferencia? Solo tienes que escuchar las críticas que hacen tus amigos no profesores a sus jefes:

- soberbia: «¿Quién se cree que es?»;
- falta de empatía: «¡Cómo pudo poner esa reunión el viernes por la tarde!»;
- indecisión: «Que decida algo; que para eso le pagan, ¿no?»;
- irresponsabilidad: «Y, claro, la culpa siempre es de otro»;
- injusticia: «No me puedo creer que haya hecho X y no le despidan»;
- mezquindad: «Podía haberme echado una mano; ¿qué le costaba?».

Es decir, que todos hemos sido en algún momento, y de alguna forma, el mal jefe de alguien. Y ahora te gustaría que dijera que cada vez que te han juzgado así se han equivocado contigo y no han sido capaces de ver tu buen corazón, honradez y entusiasmo. Es que los alumnos… ya se sabe. Una alumna te acusó de «falta de empatía» porque no le aplazaste –por quinta vez– la entrega de un trabajo; otro grupo se quejó de que daban «ellos» las clases porque tenían que hacer exposiciones (justo antes de reclamarle a otra profesora que su clase era muy rígida, que no dejaba espacio para la participación) y, recientemente, un grupo de alumnos presentaba una queja porque habías «cambiado» los apuntes de un año para otro, ¿¡cómo se puede permitir eso!? En resumen: los alumnos, las alumnas, ya se sabe…, pero ¿de verdad se han equivocado siempre? No. Ten por seguro que alguna vez es muy probable que alguno tuviera razón. ¡Qué barbaridad! ¿Cómo va a tener razón? La tenía; y si no lo ves es que a estas alturas ya llevas demasiado tiempo siendo «jefe» y no eres capaz de discernir las críticas justas de las injustas.

Entonces, ¿qué hago? Tomar conciencia de todos y cada uno de esos momentos, y eso se hace no dando por sentado que el alumno se equivoca, lo cual es difícil de asumir. ¿Acaso algún jefe asume que él se equivoca mucho más que las personas que tiene por debajo de él en su esfera de poder? Si fuera así, él no merecería ser jefe. ¿Te puedes decir eso a ti mismo? ¿Te puedes decir no soy un buen profesor o profesora? Sí puedes, pero no quieres. Porque eso supone que o vives diciéndote que eres un mal profesor o cambias para dejar de serlo: dos opciones poco agradables. Por eso es fácil que no elijamos ninguna de las dos.

La sociedad no te comprende (por suerte)

Te pasas la vida como un boxeador: él esquiva golpes y tú clichés sobre lo que significa ser profesor. «Yo no tengo dos meses de vacaciones como dicen», «mi trabajo no es solo dar clase, también tengo esto y lo otro y lo de más allá» o «no, no tengo un sueldazo». Somos unos incomprendidos. Nos sentimos exprimidos por una profesión que no es lo que habíamos imaginado en nuestra época de Peter Pan cuando teníamos pensamientos felices *(happy thoughts)* que nos permitían seguir volando, mientras ganábamos menos que nuestros amigos de la misma edad o peleábamos por hacer una tesis doctoral que todo el mundo tenía la sensación (absolutamente lógica) de que era infinita. Ahora volamos por inercia y por vanidad: los medios de comunicación, nuestras amistades y buena parte de los desconocidos que van entrando en nuestras vidas creen que somos fuentes de autoridad. Ser profesor universitario (no de primaria, que esos viven en uno de los infiernos de Dante) tiene prestigio. Vas a una reunión, una fiesta o te juntas con los padres de los amigos de tus hijos y dices: «Soy profesor ¡¡en la universidad!!» (que no se equivoquen, que los del infierno de Dante son los otros). Lo dices y ves el brillo en sus ojos: están ante un sabio. Eso implica respeto. Admiración. Incluso intimidación. Te rodea un aura. Y esa aura es para todos los profesores universitarios; para los que quizá la merecen y para los que si les das un bolígrafo solo se les ocurre plantarlo en el suelo para ver si crece. La sociedad dice que tienes un trabajo valioso e importante, lo cual apenas se puede distinguir de la lectura emocional de: «Yo soy valioso e importante». Y ahí salta la contradicción: si esto es verdad, ¿por qué mis alumnos no me respetan del mismo modo?

Ellos

Por un lado, ya ves…

Todos conocemos a colegas que son indudablemente mediocres. Y no hablamos de inquina personal, prejuicios o intuiciones, no; hablamos de profesores que, año tras año, son diana de los alumnos por su incapacidad manifiesta y aparentemente irreversible para transmitir contenidos, generar empatía o dirigir un grupo. Esos alumnos son los mismos que también dicen que hay profesores exigentes, buenos, fantásticos, muy serios, implacables, «cabrones»... ¿Se equivocan estos alumnos siempre, todo el rato y de forma uniforme año tras año? No. Los claustros de profesores son como los zoos: hay muchos tipos de animales. Pero fijémonos en los mediocres, en los que no hacen bien su trabajo de forma consistente y sostenida en el tiempo. ¿Saben que sus alumnos piensan que son mediocres? Todos tenemos evaluaciones de los alumnos; así que sí: el mensaje llega y ¿qué hacen? ¿Ves a profesores preocupados todos los años por las evaluaciones meditando cómo ser mejores para que los alumnos no los sitúen en una de las peores jaulas del zoo? No. ¿Por qué? Porque los alumnos, *ya se sabe...* Pagan, son mayores de edad, han tenido decenas de profesores y miles de clases, dedican su tiempo en la flor de la vida a estar sentados mirándote y tienen esperanzas de que tus clases les ayuden a lograr sus sueños, pero aparte de eso, *ya se sabe...*

... y por otro, ¿qué quieres que te diga?

Un profesor idealista tiende a pensar que el alumno reacciona a la honestidad docente, el esfuerzo y el conocimiento de la misma forma que un niño frente a un tobogán: lanzándose por él nada más verlo y, sin embargo, no tiene por qué ser así. Y no tiene que ver con que los alumnos no agradezcan tu sacrificio, lo que sucede es que su perspectiva es diferente.

Se les ha engañado con el mantra: «Si eliges un trabajo que te guste, no tendrás que trabajar ni un día de tu vida» (Confucio, ya te vale) y han pensado que eso empieza en el proceso de formación. Cierto que es una bonita reflexión para tenerla en un imán en la nevera, pero también es peligrosa si se toma en el sentido literal y no en el poético, porque se termina confundiendo las aficiones o las pasiones (por ejemplo, el amor por los animales) con el trabajo en sí (por ejemplo, ser veterinario). Disfrutar de la compañía de tu perro no es lo mismo que memorizar cada uno de sus músculos o huesos.

No se puede ir todos los días a trabajar silbando como los enanitos de *Blancanieves;* trabajar bien y a gusto es eso, pero también hay otras cosas que no te hacen silbar tanto como sentir el peso de la responsabilidad, actuar con ética y dignidad o filtrar frustraciones. Y en parte por eso no todos los alumnos son capaces de identificar a un buen profesor frente a uno mediocre o a un holgazán astuto, ni una buena clase frente a un monólogo hueco del Club de la Comedia. Más aún, tenderán a preferir la peor de las opciones, como cuando elegimos una hamburguesa teniendo ahí unos tallos de brócoli. En este sentido, no hay tantos profesores que hayan oído hablar de los experimentos del Dr. Fox sobre la excelencia docente. Un grupo de educadores asistió a la clase magistral de un actor –presentado como el eminente Dr. Fox– con un *curriculum vitae* ficticio, que había preparado una sesión vacía de contenido y repleta de confusiones lógicas y repeticiones… pero entretenida, es decir, fuegos artificiales. Los asistentes evaluaron muy favorablemente al

Dr. Fox frente a otros profesores (incluso alguno aseguró que había leído alguna de sus publicaciones). Conclusión: un alumno puede ser una fuente de aprendizaje importante sobre el desarrollo de una asignatura, pero no es la única ni a veces la más fiable.

Es mejor no hacer otro experimento que busque evidencia científica sobre el hecho fácilmente detectable de que los profesores que dan buenas calificaciones exigiendo menos esfuerzo (o dando bombones, que también se ha dado el caso) antes de las encuestas docentes obtienen evaluaciones significativamente mejores que los profesores que no ofrecen este tipo de gratificaciones y que, además, se percibe que pueden ser algo correosos. A lo mejor, por eso, un partido político en el poder siempre baja impuestos antes de una cita electoral...

Los alumnos no saben lo que quieren y es normal

Haz memoria. ¿Cuántas cosas tenías claras tú a la edad de tus alumnos? ¿Y en cuántas te equivocaste o cambiaste de opinión con el tiempo? Cuando entras a clase tienes delante a un grupo de personas que, de forma más o menos reciente, ha elegido estar ahí. Y han hecho esa elección (estudiar ese grado que les ha llevado hasta ti) sin que nadie les haya prestado una especial atención y enfrentándose, además, a presiones familiares («estudia algo con salidas», «tu madre y el abuelo son médicos»), sociales («vente a estudiar conmigo; somos amigos desde siempre»), personales («desde pequeño he querido estudiar filosofía o ser astronauta y ahora no puedo traicionar los deseos de ese tipo tan inteligente que era yo a los seis años»), pragmáticas (modelo *A rey muerto, rey puesto*: «No me da la nota para esto, así que tendré que estudiar esto otro que en diez o quince años seguro que también me entusiasma») y un conjunto razonable de dudas que les acompañarán durante el resto de sus vidas («¿estoy haciendo lo correcto? ¿Qué es hacer lo correcto?»).

Esas vacilaciones impregnan la atmósfera de la clase y acompañan los silencios después de cada una de tus preguntas, porque, además, los alumnos no tienen del todo claro por qué están sentados allí (y cuando creen que lo tienen claro aún hay más espacio para la decepción) o peor aún: tienen una idea equivocada de lo que sucederá durante la clase. Un Ferrari acelera de 0 a 100 kilómetros en 2,5 segundos. ¿Qué alumno no quiere que la clase sea ese Ferrari y tarde 90 minutos en llevarle desde el umbral del conocimiento hasta la sabiduría o al puesto de trabajo (sobre todo lo segundo)? Todos los alumnos ansían salir de la clase un poco más cerca de ser profesional (o de lo que piensan que es ser profesional) o sintiendo el profesionalismo recorriéndole por todo el cuerpo como si fuera lava. Una clase no tiene esa velocidad, ni un fin tan inmediatamente práctico; solo es el inicio de un proceso: la lava y el Ferrari quedan para otros momentos (para pocos). Esa mezcla de indiferencia y *misdirection* (mala dirección) es uno de los elementos que hay que saber superar a la hora de impartir una clase.

Los profesores o los culpables habituales

Estás buscando la última novela de tu autor favorito y entras en tu web de confianza para ver las opiniones de otros lectores: un 3 sobre 5. Eso no está muy bien, ¿no? Una pena; tenías ganas de leerla, pero mejor será que leas otra cosa. Solo tienes tiempo para lo excelente, ¿no? ¡Espera! Lee más abajo; sí, esa zona donde la gente escribe. Ahí hay varias valoraciones de 5 estrellas: *excelente narrativa*, *te mantiene en tensión hasta el final*, *una obra maestra*... Pero entonces, ¿por qué el 3 sobre 5? Te fijas en las reseñas críticas: la primera es un 1 sobre 5 porque el libro le llegó golpeado. Le sigue después una de 2 sobre 5 porque llegó tarde, y hay otra más de 1 sobre 5 de nuevo... porque el papel no está libre de cloro. El autor jamás pudo ver venir que el valor de su novela caería por aspectos tan laterales.

El profesor se enfrenta al mismo tipo de críticas *laterales* de las que, muchas veces, no es responsable: «El horario de esta asignatura no me venía bien, pero es que no había otra libre», «en teoría del ladrillo me esperaba un enfoque más práctico», «vaya, mucho ladrillo, pero apenas se habla de las vigas», «¿por qué se habla de los ladrillos en masculino?», etc. Suma y sigue. En estos casos podemos culpar al sistema educativo (el sistema es como la masa de pizza: se le puede echar de todo encima) o a lo que no hicieron otros profesores y a lo que no hacen estos alumnos. Y cuando terminemos de culpar a quien esté más cerca y más lejos nos quedará la realidad. ¿Qué hacemos con nuestro tiempo de aquí a que terminen las clases? Y esa no es una pregunta solo para ti o para los alumnos: es una pregunta para ambos. ¿Cómo conseguimos que ese nosotros (profesor y alumnos) supere los obstáculos y sea un centauro: un único ser hecho de dos tan diferentes?

Nosotros

La combinación de profesores y alumnos ofrece características muy similares a una relación sentimental con poco futuro. Los alumnos rara vez eligen al profesor de su asignatura (y si lo hacen es por motivos muy elevados o muy mezquinos) y jamás un profesor ha elegido a sus alumnos. *Docendo discimus,* dijo Séneca: aprendemos mientras enseñamos *(Epístolas morales a Lucilio.* Libro I, 7). Muy bonito. Lo que nadie dice cuando cita eso (ni siquiera un ChatGPT que haga de Séneca) es que el filósofo advierte dos cosas en el punto y seguido anterior al *docendo discimus:* 1) trata con los que han de hacerte mejor (aquí se ve que el filósofo nunca estuvo en un consejo de departamento); 2) acoge a aquellos que tú puedes mejorar. Querido Séneca: no sé si puedo mejorar a los 40-80 alumnos que tengo en clase. Hay días, te voy a confesar, que me conformo con no empeorarlos. Y te recuerdo que ni el Estado ni ninguna empresa me dejan «acoger» a quien yo quiera: insisten en que me quede con todos los alumnos y no les importa nada que estén desencantados, distraídos o *salmoneados,* es decir, yendo en dirección contraria a la formación que quizá deberían tener según sus cualidades o auténticas ilusiones. Esto no quiere decir que no tengas razón, estimado Séneca, pero seguro que en tu época también había saboteadores que hacían que el proceso de enseñar fuera a veces tormentoso, y cuando hay una tormenta solo intentas no mojarte demasiado, y quizá pierdes de vista tu capacidad para descubrir la parte de aprendizaje que hay en todo ello. Si enseñas encabronado (en latín: *iratus*), poco aprendizaje te espera al final para ti y para ellos, es decir, para «nosotros».

Solo si no estás *iratus* puedes dirigir un proceso educativo que afectará a todos durante unos meses y transformar ese encuentro fortuito con los alumnos en algo fértil. Lo cual no significa que, en un pasillo, un profesor le diga a otro que tal grupo está conformado por una panda de marmotas, mientras que en otro pasillo distinto otro compañero alabe su entusiasmo e iniciativa. En el mundo que está un metro por delante del profesor puede suceder algo similar: un profesor será amado por un grupo de alumnos por hacerlo diferente a los demás, mientras que otros lo detestarán porque «se cree *cool*». Aunque no hay reglas para conseguir esta conexión, sí que hay brechas que pueden surgir y que tenemos que saber cerrar para, al menos, estar todos en el mismo lugar.

La primera brecha: la edad y la maldición

La mayor parte de tu vida profesional la pasarás siendo (bastante) mayor que las personas a las que das clase. Empiezas un poco por encima y terminas sintiendo que hay una maldición sobre ti. Si Sísifo fue condenado por los dioses a empujar una piedra por la pendiente de una montaña para luego verla caer y empezar de nuevo con la tarea, el profesor cumple años y sus alumnos no lo hacen: esa es su maldición. Siempre están cerca o por encima de veinte; y ahí se quedan. Esta brecha de edad es un problema, porque cada vez te sientes más experimentado (cierto), más seguro de ti mismo (cierto) y por eso crees que tienes menos posibilidades de equivocarte (falso). Cuanta más distancia de edad con los alumnos, más difícil nos resulta reconocer que nos hemos equivocado en la exposición, selección o la organización del material, en una respuesta, en la forma de dirigir una discusión… Nos sentimos blindados, infalibles, infinitos (en nuestra soberbia).

Creo que la experiencia más sanadora para un profesor es una pregunta en clase o un comentario en los pasillos sobre la materia o la forma de organizar la clase que, de pronto, sin verlo venir, te desnuda. Un día una alumna se acercó al final de la clase de Guión Audiovisual y me dijo que si me podía hacer una pregunta. «Para eso me pagan.» Y entonces, con la timidez de alguien que unos minutos antes no se planteaba que estaría allí de pie, me dijo: «¿Me puede gustar una mala película?». Ni en diez vidas hubiera imaginado una pregunta así, que dinamita todo, pero que también le da sentido a todo: aún la sigo contestando en mi cabeza una y otra vez.

La segunda brecha: las expectativas

Tener edades diferentes también implica expectativas diferentes. El profesor (si ha tenido suerte) gozará de una cierta estabilidad laboral o, al menos, esperará tenerla en un futuro próximo o, en cualquier caso, se le paga por un trabajo: solo eso introduce un componente de seguridad del que carecen las personas a las que te diriges en el aula. Otros profesores viven esa seguridad de forma destructiva y solo esperan, tras muchos años de servicio, a que llegue su jubilación… aunque pueden estar ya jubilados espiritualmente desde hace más tiempo del que puedan acordarse. Y enfrente tenemos alumnos que tienen una sola cosa segura: se enfrentan a un horizonte incierto. Se espera que sus estudios les permitan acceder a un mercado laboral siempre áspero con el que no encajan. Y todos desean encajar, porque tener el trabajo que quieres también es tener un sitio en el mundo y de alguna forma estar en el desfile de los que triunfan (palabra peligrosa que sienten con una fuerza aún más peligrosa). Ese es su destino; para eso están en tu clase, piensan (y se equivocan solo en parte). Si ellos no tienen claro en qué les va a ayudar la universidad (o tu asignatura), tienes un problema. Aviso: casi siempre tienes este problema.

Esa diferencia de expectativas tiene muchas señales visibles e invisibles durante una clase que casi nunca se expresan el primer día… pero aquel año fue una excepción. El día de presentación de una asignatura es la pipa que se te cae al suelo cuando tienes una bolsa en tu mano; nadie le presta mucha atención: presentas contenidos, método de evaluación, dinámica de las clases… La ilusión del docente del primer día (que espera preguntas que delaten cierto entusiasmo de los asistentes por el conocimiento) se enfrenta a un alumnado obsesionado con ser molestado lo menos posible e instalado en calibrar su GPS del pragmatismo, mirando tu asignatura como un obstáculo que dejar atrás de la forma más eficaz posible: ¿qué hay que hacer para aprobar?, ¿habrá que venir mucho a clase?, ¿por qué hace chistes sin gracia? Aquel primer día una alumna levantó su mano e hizo una pregunta tan directa como inimaginable: «¿Nos vas a aportar algo?». ¿Cómo? Uff. ¿En serio? Vacilé, lo reconozco. Un conato de soberbia me pedía rechazar de plano esa pregunta, porque ¿cómo se atrevía una estudiante de primer año a dudar de la aportación incuestionable que mi asignatura debía tener en la formación de cualquier futuro egresado? Y en unos microsegundos reflexioné: era la oportunidad de ganarme la confianza del grupo, de trasladar pasión y esperanzas en cómo mi asignatura les podía permitir entender el mundo, sus estudios o incluso a ellos mismos bajo un prisma diferente. Era el momento de responder a una pregunta desafiante abriendo el corazón y dejando salir todo lo que hubiera ahí; la lava, era el momento de la lava, ahora sí... Iba a ser inolvidable, iba a ganarme a unos corazones endurecidos por la decepción constante del sistema educativo. Y lo hice; juro que lo hice. Comencé a desgranar ideas, conceptos e ilusiones como si el curso solo durase ese día. También expresé algunas dudas y vacilaciones que –esperaba– los alumnos me ayudasen a superar. Estaba expansivo, vibrante, abierto en canal para aprovechar esa conexión... que duró unos 5-10 minutos de vehemente discurso hasta que la alumna precisó su pregunta inicial: «Con lo de aportar algo me refería a si nos ibas a subir material al campus virtual». Si la mañana del 5 de octubre de 2021 recordáis haber oído un fuerte ruido era mi corazón roto golpeando el suelo: otra víctima más de la brecha entre alumnos y profesor.

Puedes tardar más o menos tiempo en asumirlo, pero es así: hay una diferencia de intereses y de perspectivas. Tú eres (o quieres ser) inspirador con tu asignatura, a la que buscas un sentido amplio, casi existencial, mientras tratas de ayudar a otros a comprender no ya una asignatura, sino el universo visto a través de una asignatura. Por su parte, ellos se sitúan en un pragmatismo que está enfocado a resultados concretos, fruto lógico de su momento vital, sus angustias y, sobre todo, sus experiencias con profesores quizá no tan entusiastas como tú, pero casi.

Esos otros profesores, en primero, les prometieron también el futuro, quizá sin matizarles que solo era un primer paso, que tuvieran paciencia, que eso les vendría bien para comprender «X», que luego sería útil para acceder a «Y» y que todo junto haría *clic* en algún momento y les llevaría hasta «Z» y entonces, solo entonces, empezarían a entender algo. Llevarlos al futuro sin estar en él no es nada sencillo, incluso dando buenas clases. Y puede también que el profesor que prometió acercarles a ese futuro, el que ansían, no cumpliera. Decepción. Y luego viene otro profesor. Y quizá también otra decepción. Y cada decepción se queda allí de forma tan insistente como el olor del tabaco en la ropa. Quizá por eso quieren saber cómo aprobar y nada más: para evitar más decepciones. Pero el que solo quiere irse rápido de allí es el mismo que quiere que le des un poco de su futuro. El alumno desencantado sigue creyendo en tu clase a poco que le ayudes a creer en ella. La brecha no es tan grande si entiendes su historia y lo que quieren, e incluso te parece bien (al menos en parte). No estáis tan lejos a no ser que tú te empeñes en situarlo lejos con solo 7 palabras: «No sé para qué vienen a clase».

Tres posibles respuestas a ese comentario:

a) Por inercia. En algún sitio tienen que estar, ¿no?
b) Por el contrato social. No estar aquí es peor que estar.
c) Porque están dispuestos a sufrir a cambio de algo. Esperan que seas Spielberg enseñándoles a hacer

películas al modo Spielberg, o que seas un *broker influencer* de Internet que, aunque te rías de ellos, les enseñes a comprar las criptomonedas más rentables (ojo, siempre sale mal), y así acceder a ese algo –¿un secreto?– que se desea tener... Si ese es el peaje, ¿por qué no aguantar algo de desprecio o a un mal profesor? ¿Sucede lo mismo con nosotros? Lo que yo sé de las vitaminas y su importancia en el desarrollo humano ¿está en algún otro sitio? Si somos profesores Wikipedia, seremos sustituidos por la Wikipedia. Si somos profesores de manual, seremos sustituidos por el manual. ¿Tenemos esos secretos que interesen a nuestros alumnos más allá de lo que puede ofrecer un libro o una pantalla? Espero que sí. Porque para eso vienen a clase.

La tercera brecha: la falta de atención

Encerramos a los alumnos en una clase, un recinto cerrado con un diseño no precisamente de la Bauhaus, y los sentamos en sillas incómodas rodeados de paredes blancas: en cualquier sala de espera de un dentista estarían más cómodos. Además, en el dentista esperas algo concreto que vas a lucir de forma inmediata ante los ojos del mundo, y no algo tan ampuloso como el conocimiento. Y luego nosotros creemos que están en clase, pero en realidad están en un *showroom* para pavonear su postadolescencia (y no tan post a veces). Esos otros jóvenes que están allí con ellos pueden ser amigos con los que imaginar una vida juntos, pero también se pueden transmutar en Sauron un lunes cualquiera, incluso si se fijan bien encuentran entre los compañeros entre cinco o siete madres/padres potenciales de sus hijos con los que se pueden comunicar a través del móvil + ordenador + *tablet* + *smartwatch*. Y eso sin olvidar que por limitaciones propias de la condición humana a esa edad tienen la misma capacidad de atención que las gallinas y con un mundo interior como el escaparate del *Todo a cien:* muchas cosas y poco orden. Y con todo esto, tienen que atender al profesor. Un plan sin fisuras. Cómo no.

El estado natural del alumno es la no atención. Y su responsabilidad, la situación social de *estoy-en-clase-así-que-tengo-que-atender* y, muy importante, lo que tú seas capaz de generar al dar forma a los contenidos son los tres elementos que construyen su atención. Así que tienes un 33,3333% de responsabilidad, lo cual no está nada mal, pero no es un nivel de omnipotencia: si ese día algún alumno o alumna (o varios) se levantó con un nivel –5 de atención, no hay nada que hacer. ¡Es que no atiende! ¿Lo estoy haciendo mal? No. O no por eso. Habrá otros días u otros momentos. Mira a ese alumno como el que ve alejarse una bandada de pájaros. No te desesperes; ese día o ese momento está fuera de tu esfera de responsabilidad. Dales su espacio si puedes permitírtelo. ¿Y si habla o distrae a otros? Ah, entonces sí tienes que actuar para salvar la clase de los *revientaclases*… que sería justo llamarlos *revientaprofesores* (ya hablaremos de ellos).

La cuarta brecha: no vienen preparados (y son feos)

Un día dos profesores compartían sus experiencias en un congreso; trabajaban en la misma facultad. Uno de ellos dijo:

«Oye, ¿viste qué feos son los de segundo?» «¿A mí me lo vas a decir? Que los tengo a las nueve.» «Uff; es que los ves y se te cae el alma a los pies.» «Feos con avaricia.» (Nota: ninguno de los profesores era Brad Pitt o Monica Bellucci con veinte años, ni con treinta, cuarenta…) Digamos que esta conversación es la versión extrema de una posición normal en el profesorado: los alumnos no son lo suficientemente buenos para nosotros por la razón «N». En cualquier reunión por Teams o Zoom para coordinar una asignatura siempre aparece el mismo desahogo: «Se nota que los de hace cinco años venían mejor preparados». En un documento sobre la Universidad Complutense en el siglo XVI también se recogía que los alumnos venían peor preparados que en el siglo anterior. O la naturaleza del alumno es la mediocridad evolutiva o la naturaleza del profesor es la queja que todo lo explica: elige. ¿Te gustaría que los alumnos fueran mejores?, ¿les has preguntado a ellos si les gustaría tener a otro profesor?, ¿a uno que hubiera estado formándose varios años en Harvard?, ¿o que tenga otras lecturas que las que tú considera *lecturas necesarias?,* ¿o con más comprensión, mejores anécdotas, más conocimientos, más *flow?* En fin, da igual que los alumnos sean buenos o no en comparación a otros; tu trabajo es que sean mejores que la versión que te llegó a ti… céntrate en eso y, sobre todo, en ser mejor tú. Aprende a adaptarte o a buscar la forma de llegar mejor. Cuando un ajedrecista resuelve problemas complicados de ajedrez no lo hace porque piense más, sino porque *ve mejor.* A Capablanca le preguntaron cuántas jugadas calculaba a la vez y respondió: «Solo una, la mejor». ¿Y cuál es la mejor? Ah, querido Capablanca, en el aula te querría ver yo. No con tu tablero de sesenta y cuatro casillas que nunca varían, y tus piezas que se mueven de forma invariable según un patrón, sino con sesenta y cuatro alumnos (con suerte, ¿dónde hay que firmar?) que quieren ser reyes, que la sociedad (y tus colegas y tú en un mal día) apenas les tratas como a caballos y que cuando están a solas son muy capaces de sentirse peones. ¿Cuál es la mejor decisión en una clase con esas piezas locas y cambiantes? Respuesta: la que hace que sigan contigo. Quizá la lista de «*no son buenos por...*» también puede significar que los alumnos cambian con el paso del tiempo y te escondes en sus defectos para no ver tu rigidez en variar contenidos, tono o recursos. Piénsalo.

La última brecha: la rutina

A veces tenemos un mal día en clase (y no podemos evitarlo). Y no es por las circunstancias (que tampoco podemos evitar), sino por la rutina (y ahí sí que deberíamos buscar una solución). Recuerdo que era un miércoles de octubre de 2017 y yo iba a dar una de mis mejores clases del curso: la fotografía de guerra a través de la prensa. Una de esas clases que disfrutas impartiendo porque despierta interés desde el primer minuto (al menos más que la escritura cuneiforme en Mesopotamia). Llegué al aula, encendí el ordenador, introduje el *pendrive* con mis imágenes mientras explicaba de qué iría la clase. A los pocos segundos de proyectar la presentación, una alumna preguntó: «¿Esa presentación es de 2010?». No entendí la pregunta hasta que miré el nombre del archivo: «Fotoperiodismo2010». Me habían pillado en un desliz lógico en este oficio: repetir una clase palabra por palabra, sensación por sensación. Conseguí balbucear que el fotoperiodismo no había cambiado tanto en los últimos años, pero noté que había traicionado su confianza, porque deducían que yo llegaba a clase para cumplir, que lo que iba a decir era una letanía que repetía año tras año, que no la había pensado solo para ellos. Nunca mi mejor clase ha funcionado tan mal como en aquella ocasión.

Ese pesimismo ante la falta de voluntad de presentar, ver o sentir lo que sucede como nuevo se llama rutina. De los primeros años, de su furor y de su tensión, pronto se hace historia y aparece la rutina. Las clases se convierten en actos rutinarios, lo cual tiene su belleza, porque pactas contigo mismo después de muchas veces lo que consideras que está bien y queda allí sin impurezas, en esa clase limpia de todos los errores en los que caíste hasta encontrar el equilibrio. Llegar a una clase mimada y pulida revela tenacidad y paciencia de orfebre. Y eso es bello, pero también es rutina como cuando eres capaz de atarte los cordones por las mañanas sin casi mirarlos. ¿Es lo mismo? ¿Estamos seguros de que la rutina de atarse los cordones no está ahí también cuando nos situamos enfrente de los alumnos después de cientos o de miles de clases? La seguridad y la confianza nos permiten dar clases casi sin repasarlas previamente; es más, en alguna conversación hacemos *copiar y pegar* y aparece un trozo de clase: eso es control. Y ese piloto automático durante la clase te permite dedicar energía a aspectos más sutiles, pero también encierra el peligro del ensimismamiento:

«Si mis alumnos siempre han entendido esto cuando lo explicaba de esta forma, ¿por qué no lo han entendido ahora? ¿Y por qué no me han dicho nada hasta dos meses después (en el examen)?».

Los alumnos también vienen por rutina. Muchos de ellos consideran que los profesores los tratan como ganado, que la universidad les considera un número y que nadie se toma interés por ellos (¿son sensaciones o deducciones?). Por eso, los alumnos son *pasotas*. ¿Y son pasotas por naturaleza o por resignación porque se han rendido al ver cómo llevamos la clase? Imaginemos (por nuestro bien) que da igual. Para que aprendan hace falta motivación y esfuerzo (bien lo sabes y bien te quejas de que no lo ves), que según la neurología producen dopamina que reduce la resistencia a los cambios en el cerebro. Así aprenden mejor. Pues eso; que traigan la dopamina de casa, que la compren en Amazon o que pongan un *vending* (otro más) en la puerta de la clase para que puedan hartarse de ella. Ya. Estaría bien. Pero no. Ellos vienen con una motivación «X»: ¿te parece poca? Sí. ¿Seguro que es poca? Que sí. ¿Con esa poca no puedes trabajar? Bueno, no sé.

Según Daniel H. Pink, experto en dinámicas de trabajo y autor de *bestsellers* sobre lo peculiares que somos los seres humanos, en ciertos contextos las personas se mueven empujadas más por la motivación intrínseca que por la extrínseca, es decir, que el método del palo y la zanahoria no siempre funciona: ¿sucede esto en clase? ¿A los alumnos ya no les importa la nota? No, les importa y mucho. He visto romperse lazos de amistad de alumnos que habían fijado ya la guardería donde llevarían conjuntamente a sus hijos por un 0,25 de calificación. Además, los jóvenes son amantes de las victorias, de quedar por encima (lo decía Aristóteles); y la nota es una forma de superioridad… Y de creer en ellos; les da la (falsa) seguridad de que están en el sitio en el que deberían estar. A esas edades, la seguridad es mágica; aparece y desaparece por unas palabras, las tuyas. Así que sí, la zanahoria da confianza y autoestima, por lo tanto, sirve, pero entonces ¿por qué el *pasotismo?* La nota está demasiado lejos y eso hace que sea poco eficaz para motivar a los alumnos frente a la cantidad de horas que deben pasar en clase.

Entonces, volvamos a la motivación intrínseca, la satisfacción que le puede reportar al alumno la clase en sí, que les puede hacer mejores en algo o quizá en general (el principio de «maestría», según Pink). Estar en la clase aprendiendo también es estar disfrutando, *ganando tiempo*. ¿Por qué los alumnos no deberían estar leyendo material *online* o escuchando un pódcast si lo que les ofreces en el aula es como un texto hablado? Ganar tiempo es terminar la clase y hacer que el alumno sienta que ha sido un pequeño acontecimiento. ¿Eso significa que transmites conocimiento? Claro que sí, pero Google o ChatGPT también transmiten conocimiento. ¿Cómo le ganas a un cerebro de silicio? Primero, tú transmites sentido (conocimiento relacionado), es decir, dices algo que es importante en sí, pero también para él o ella en ese momento y relacionado con otras cosas que son parte de su mundo y que les harán ver esa importancia. Si haces esto, surgirá cierto sentido de comunidad, de que todos estáis allí para lo mismo, como el profesor de yoga que respira con la misma cadencia que los asistentes a su sesión. Segundo, tiene que haber una puesta en escena (le dedicamos todo un capítulo más adelante): así pruebas que estás allí no solo con ellos, sino exclusivamente para ellos. Tercero, todo tiene que ser una experiencia, una conexión. ¿Qué es eso de la conexión? Es ganarte la posibilidad de dejar huella. Es la esperanza de seguir pensando que estar en esa clase le da algo más de lo que le daría no estar en ella. No hay alumnos *pasotas;* hay alumnos sin esperanza. Y están en clase, en el sitio perfecto, porque tu trabajo también consiste en darles esperanza. No lo olvides.

¿Y cómo sabrás si has alcanzado esa conexión? ¿Cómo adivinarás que el esfuerzo y las ilusiones volcadas en tus clases han trascendido a tus alumnos? A Beethoven le reprocharon en 1805 que su tercera sinfonía era «pesada, interminable y deshilvanada». Eso escribieron el día de su estreno... Y ahora parece que la crítica ha cambiado de opinión. Es posible, aunque no se puede decir con seguridad, que pase lo mismo con algunos de tus alumnos en el futuro. Algún día, un alumno se encontrará contigo por la calle o te escribirá para rescatar del pasado un momento, una frase, una actividad o cualquier cosa que pasó en el aula y que recuerda con cariño o admiración. Y a lo mejor tú ni siquiera recuerdas haber dicho o hecho aquello que te cuenta, aunque te pueda sonar verosímil (a cierta edad, esto pasa un 87% de las veces). Cuando te lo cuenten verás que conectan ese «trozo» que les diste con su propia vida. Tal vez no lo sabías, e incluso ese día te marchaste con algo de prisa, pero hiciste una conexión y tu mensaje llegó a su destino de alguna forma. Puedes estar orgulloso.

Antes de la clase...

> Raras veces renunciaba a una idea una vez que había reflexionado lo suficiente como para emprenderla.
>
> *Robinson Crusoe,* Daniel Defoe, 1719

Aún me acuerdo de cuando tuve que cambiar en casa una ventana de más de cincuenta años. Necesité hacer hasta cuatro llamadas, enviar fotografías por wasap, admitir visitas para evaluar los riesgos... ¿Por qué? La moldura estaba tan pegada a la ventana que temía que pudiese terminar todo en el contenedor de escombros: la ventana, la moldura e incluso parte de mi techo. Y si sucedía habría que pagar no solo al montador, sino también a un escayolista. Y no poco. Cuando llegó el día D, el montador entró por la puerta, se plantó delante de la ventana y la cambió sin dañar la moldura. Me pareció muy sencillo; tanto que creía que me había preocupado por nada... hasta que le pregunté al montador cómo lo había hecho: «No te creas que no le he dedicado yo tiempo a esta ventana durante el fin de semana». El tiempo. Era eso. No supe ver el tiempo: así es una buena clase. A veces te lleva más tiempo del que pensabas, otras menos; alguna más, una barbaridad de tiempo; otra, tanto tiempo exactamente para qué; también las hay de *pues este es el tiempo que tengo.* Sea cual sea el tiempo que te lleve una clase nadie lo ve (ni lo valora) y está bien; así tiene que ser. Ver el tiempo distrae, incluso te puede distraer a ti: tú tampoco tienes que ver el tiempo.

No es necesario que la preparación de una clase ocupe nuestro pensamiento durante el resto del día, la semana, el mes o toda nuestra vida, pero en la medida en que somos profesionales tenemos que invertir un tiempo y una energía mental en pensar y madurar qué se va a hacer con ese otro intervalo de tiempo llamado «clase» que justifica, para una amplia parte de la sociedad, nuestro trabajo.

¿Cuál es tu objetivo?

Por supuesto que hay profesores geniales, excelentes oradoras y mentes brillantes que comienzan su clase con un ¿y hoy de qué toca hablar? Ah, sí. Y a continuación articulan clases inolvidables, generan debate y firman unas *actuaciones* que despiertan nuestra admiración (y nuestra envidia). Pero ¿y si tú no tienes ese talento? No es que dudes, o que estés cerca de ser algo similar si cambias esto o aquello, sino que sabes que no eres esa persona ni en mil vidas. ¿Qué haces? Lo que Marie Curie. ¿Cómo? ¿Qué dices? Curie tenía dos premios Nobel, ¡¡dos!!, y fue la primera mujer en dar clase en los seiscientos cincuenta años de historia de La Sorbona de París. Nadie más hizo algo así. ¿Cómo voy a ser la Curie? Fácil. Solo tienes que seguir trabajando lo mejor que puedas («Es mi destino esto de hacer las cosas en malas condiciones, ¿verdad, querida mía?», le decía a su hija), entender que perder el tiempo es parte importante de tenerlo («Con reuniones como la de este congreso podría ir cien veces a Bruselas sin saber después nada que no supiera de recién nacida.» Todos somos Curie, ¿o no?) y tener claro que debes crear una bonita relación con lo que haces y eso se logra si «no te conformas con objetivos mediocres, exígete: haz honor a tu oficio para que tu oficio te dé auténtica satisfacción» *(Carta de Marie Curie a su hija Ève. 29 de diciembre de 1928).* Lo importante está en tu relación con lo que haces. Si tú lo ves, ellos lo ven. Y cada alumno que lo vea es un premio Nobel: seguro que consigues más de dos. Ahora pensemos en ese tema que conoces a la perfección, puedes impartirlo –de forma correcta– con los ojos cerrados, pero ¿acaso no quieres ir más allá? ¿Pretendes resolver una clase o dar una buena clase? Intentar impartir esa clase que los alumnos recuerden años después o que, en un momento de dificultad laboral, recurran a ella como fuente de inspiración por delante del discurso de Oprah Winfrey: «¡Quiero que todas las chicas que me están viendo aquí y ahora sepan que un nuevo día está en el horizonte!» (75.ª edición de los Globos de Oro). ¿Y si no lo consigo? Da igual: ¿Curie se hubiera esforzado menos si le hubieran dicho que en el futuro no iba a descubrir el polonio ni el radio? No. Porque no se trata de lo que consigues, sino de que entiendas que tu compromiso es tan infinito como quieras que sea. Y que cuando miras lo que haces desde ese compromiso, que no se mide en horas o en número de publicaciones, sino en pasión líquida que se adapta, que llega como puede llegar, ese *lo que haces* cambia y tú con ello.

Y entonces esa pasión te puede llevar a ser enfermera de los heridos franceses en la Primera Guerra Mundial, y eso que Marie jamás se hubiera imaginado hacer algo así, pero su formación estaba ahí y las circunstancias la empujaron a darle un uso eficaz y concreto (eso es planificar). Ella y su hija Irene empezaron montando unidades de rayos X en los hospitales y terminaron modificando hasta dieciocho camionetas con tubos, pantallas y electricidad para crear sistemas de rayos X portátiles que ayudaron a diez mil soldados franceses durante la guerra (y a millones de personas después). Preparar una buena clase exige tener conocimiento para compartirlo (formación), pero también encontrar y modificar esas camionetas para que lleguen al frente (planificación) y puedan ser de ayuda a esos cincuenta u ochenta alumnos que tienes en clase (cada uno metido en su propia guerra).

Formación

Un impostor dando clase

Juan José Millás hace que el protagonista de *Historia de un imbécil contada por sí mismo* trate de convencer a la gente de su entorno de que es imbécil, aunque ellos no lo supieran. El jefe del protagonista, incrédulo, trata de convencerlo de que es un excelente profesional y de que quieren ascenderlo hasta que, ante su insistencia por convencerle de lo contrario, termina exclamando: «Usted es un auténtico imbécil».

De una forma similar, muchas veces nos hemos considerado impostores o falsos sabios en una clase que esperaba nuestro conocimiento y, al final (o quizá muy al principio), les hemos convencido de ello. A veces eso nace de que hemos idealizado al profesor universitario como una combinación de la diosa Atenea, Yoda, Hermione Granger y Papá Pitufo. Frente a esos referentes es obvio que no puedes ser otra cosa que un impostor. Y de ahí viene ese síndrome que nos hace temer ser descubiertos como los fraudes que somos porque no lo sabemos «todo». En fin, parece que nuestro ideal del buen profesor es una Inteligencia Artificial conectada a Google con la capacidad articulada de ofrecer un dato o una definición ante cualquier pregunta: ahí estamos confundiendo preparar una clase con concursar en *Pasapalabra*.

Probablemente has cursado una carrera o grado (y puede que un máster, un doctorado...), tienes la experiencia que ofrecen los años (al menos algunos más de los que tendrán tus futuros estudiantes) e incluso deseas pasar más tiempo en una clase que las focas en el agua: amas lo que haces, quieres construir un oficio con tu día a día. Pues bien, ¿no crees que te mereces el mismo voto de confianza que te dan tus estudiantes el primer día de curso?

El problema de «sentirse un impostor» es que te sientes el ciego en el país de los tuertos cuando, en el peor de los casos, es justo al revés. En otras palabras, no vamos a enseñar a sumar, restar, multiplicar y dividir a los miembros de la Unión Matemática Internacional, vamos a hacerlo a estudiantes que no dominan o no conocen el contenido sobre el que gira nuestra clase. O, en cualquier caso, no disponen de todas las capas que nosotros podemos ofrecerles.

Incluso en el escenario *ficticio* de que tengas que impartir una asignatura de la que no tengas ni idea (aunque una universidad o escuela *seria* jamás permitiría que eso ocurriese ni dejaría que el profesor fuera una especie de Leonardo da Vinci exprés que lo mismo te habla de una cosa, que de la contraria y de la de más allá) puedes partir de un presupuesto más constructivo: *¿qué puedo aportar en la próxima clase a mis estudiantes?* Y para eso tienes un factor decisivo a tu favor: el tiempo.

El tiempo y la tranquilidad

Aunque no te haya convencido el punto anterior y sigas pensando que eres un impostor, te ofrezco una última oportunidad para estar tranquilo: el tiempo está a tu favor. Cuando era joven y tenía menos experiencia (e incluso cuando tuve que impartir una asignatura para la que no estaba preparado) me daba algo de paz interior ir «dos clases por delante del alumno». Sé que eso suena a aberración para muchos... no profesores. Si eres profesor, has hecho ese viaje.

El alumno no sabe cómo será la próxima clase (seguramente tampoco le preocupe en exceso, la verdad) y tú hay días que puede que tampoco, pero no pasa nada, porque tienes margen para leer, preparar, pensar y reflexionar sobre tu clase, la forma de impartirla y la materia que seleccionas. Y ese tiempo no solo se dirige a que te «aprendas» los contenidos, sino también a planificar, ensayar y ajustar. Una clase no es lo que dices; es todo lo demás y algo de lo que dices. Todo debe tener una forma (pronto hablaremos del *storytelling*). Y no pienses que los alumnos están en su casa preparando contraargumentaciones o buscando datos para contradecir todo lo que digas en la próxima clase. Y si has conseguido que así sea, enhorabuena, no es fácil movilizar a una clase en torno a una asignatura con esa vehemencia.

Si quieres puedes pensar que tú eres el entrenador preparando el próximo partido con tu equipo, ensayando estrategias, practicando defensas de bloque alto, tiros de córner, etc. Y tus alumnos serán el público de ese partido, que te pide resultados (aprender) y juego bonito (no aburrirse). Y si juegas demasiados partidos sin alguna de las dos cosas dejarán de ir al estadio… o irán bostezando. Ellos no quieren perder el tiempo y tú lo tienes que aprovechar para vencer tus inseguridades de hipotético impostor, no para crear nuevas.

Planificación

Olvídate de El club de los poetas muertos

La certeza (estado subjetivo de la mente) en nuestra solvencia es solo el punto de partida necesario para elegir el camino correcto para impartir una buena clase. Sin embargo, no es suficiente. Una vez que confiamos en nosotros mismos podemos pensar: «Mañana hablaré de las proteínas. Hice mi tesis doctoral sobre proteínas y he escrito tres libros sobre ellas: puedo hacerlo con los ojos cerrados». Ahora confundimos formación con planificación; y las dos son necesarias, pero diferentes. Siento decirte que no existe ese túnel mágico entre tu cerebro y el de las personas que están en los pupitres.

Sí, ya lo sé. En *El club de los poetas muertos* se suben a las mesas y gritan: «¡Oh, capitán! ¡mi capitán!» y tú quieres llegar a provocar *eso*. Muy bien. No juzgo tu pasión (consérvala, que tendrás tiempo para darle forma), pero *eso* es una idealización (necesaria e inspiradora, si quieres) que ha hecho tanto daño a la educación como los estereotipos de Disney sobre príncipes y princesas a las relaciones personales. Ayúdales a que no tengan que subirse a las mesas y a que ellos se sientan ese capitán al que seguir. Luego te puedes marchar feliz y en silencio de clase.

Además, da igual que seamos capaces de alcanzar ese *nirvana* algún día, de entre las 80 o 100 clases de un curso, si no tenemos presente que puede que nuestros estudiantes no lo hayan alcanzado con la misma velocidad y no quieran ni subirse a la mesa ni sentarse en la silla. Tal vez a ellos les cueste entender lo excitante que resulta la historia del ladrillo en el siglo XIII. Y, sin embargo, es un conocimiento que puede serles útil para la restauración de un edificio, ampliar su creatividad, su formación humanística o el pensamiento transversal en torno a los objetivos para los que les prepara su titulación. Llegar a hacer germinar el interés del alumnado en un número casi infinito de temas forma parte del tiempo que invertimos en la planificación. ¿Cómo se planifica una clase? Es sencillo: decidiendo cómo va a ser la clase.

No se trata de matar la creatividad evitando que pasen cosas «nuevas» o fuera de guión en una clase por el ansia de querer tenerlo todo controlado, sino que se trata de subordinar esa creatividad al objetivo de una clase: la transmisión de conocimiento o habilidades a las personas que te escuchan. Y todo lo demás es un andamio para sostener esa transmisión, empezando por tu conocimiento u oratoria y terminando por lo que pontifique un gurú educativo o por la comodidad de los alumnos.

Esta planificación del discurso podemos entenderla en clave de espectáculo, es decir, de puesta en escena o de obligar a contemplar (*spectare* significa «contemplar). Si vemos un *late night*, un concierto o miramos el menú del día de un restaurante, todos tienen un elemento en común: una organización. El *late night* tiene en cuenta la naturaleza de cada momento (entrevistas, improvisaciones, zascas programados, anuncios, aplausos, música que va y viene...) para buscar una armonía, una buena organización que cumpla con las expectativas del espectador sobre la experiencia que está viviendo. En un concierto sucede lo mismo: no aparecen los temas por orden alfabético, porque importa crear una ruta emocional entre las canciones y los asistentes: ese orden que nadie ve y que todo el mundo necesita. En cuanto al menú... en fin, nadie te ofrece un delicioso tiramisú para empezar a comer: sería estúpido, porque estaría literalmente fuera de lugar. El presentador, el cantante o el *maître* dedican tiempo a encontrar el lugar de cada elemento para hacer que la audiencia, el público o los comensales se sientan integrados en la experiencia, sumergidos en cada instante. Todos los profesionales planifican: lo siento, no hay plan B.

Y también hay que planificar el principal problema al que nos enfrentamos en la clase: el alumno no siempre está motivado o atento al 100% para seguir nuestra explicación. Y ya dijimos que una clase es cosa de dos partes, que hay un *nosotros.* Entonces, ¿no nos podemos fiar de una parte del *nosotros?* Borges decía que una clase era una obra de colaboración; lo que no decía es que el otro muchas veces no tiene muchas ganas de colaborar y le tienes que engañar/animar para que lo haga. Y para eso está el *storytelling.* El *storytelling* es una disciplina tan amplia y dinámica que no existe como tal, pero que se aplica a cualquier campo humano. Tiene mucho de la antigua retórica, pero decir «retórica» no vende libros, así que *storytelling.*

¿Qué es el storytelling?

En 1503 empezó a circular en Florencia y en París (no se sabe dónde primero) un texto de unas cuatro o seis hojas que daba cuenta de las muchas maravillas *(quam multa miranda)* que se descubrían esos días por el mundo. Su título, *Mundus Novus;* su autor, Americo Vespucio (aunque ni siquiera lo escribió él, muy probablemente). Esas hojas volanderas que pasaban de mano en mano no eran un análisis científico, sino más bien una postal escrita por un amigo que está en Ibiza y que quiere darte envidia: se decía que en ese nuevo mundo el mar estaba lleno de peces, la tierra era fértil, los árboles daban frutos exuberantes, había miles de especies de animales desconocidos, la moralidad sexual de las gentes era inexistente... Esas pocas ideas llegaron a ser un *bestseller* de la época. ¿Por qué? Porque por primera vez un navegante sabe relatar tan bien, es decir, eligiendo forma y contenido, que todo el mundo se interesa en ese *Mundus Novus.* Américo no hizo mucho más para lograr la inmortalidad. Moraleja: si cuentas bien una cosa, aunque solo sea una, pueden poner tu nombre a un continente. No es poco.

Los profesores estamos bastante atrapados por la vanidad que produce el trabajo en soledad. Planificas la clase y no tienes a nadie que te diga si está bien o está mal lo que haces justo en el momento en que lo haces. ¿Lo estaré haciendo bien?, le preguntas a tu instinto y a tu experiencia. Sí, contestas. Porque no puedes decirte «no»: es imposible organizar clase tras clase diciéndote «no». Y como siempre te dices que «sí», ahí abres la puerta a la vanidad. Cuando eso ocurre es más fácil pensar que enseñar pone a prueba tus conocimientos (ojo: eso es vanidad), cuando en realidad lo que pone a prueba es tu capacidad para asignar prioridades a tus conocimientos. ¿Qué necesitan saber los alumnos? Todo. Mal empezamos. Necesitan saber lo suficiente para desear saber más. Y por eso tienes que graduar la información y transmitirla con metáforas, analogías o ejemplos y solo cuando el alumno esté preparado para recibirla (ritmo). Si haces eso pierdes espacio para hablar de tus adorados conocimientos, pero a cambio creas poco a poco una persona que empieza a saber y que quiere saber más. Y ahí te lleva el *storytelling.*

El *storytelling* no significa que alguien llega y dice: «Mira, estaba Caperucita Roja con su madre cuando...». Dicen *storytelling* porque quieren decir que todo fluye, que el mensaje se transmite, que no se discute, que llega. *Storytelling* es saber llegar a la gente, encontrar la conexión (sí, otra vez la conexión). La carnicera y el frutero te hacen *storytelling;* el del banco, también. El político depende de ello; el que tiene una peluquería, ¡ni te cuento! Cada una de estas personas tienen en cuenta el contexto, a quién se dirigen, qué se espera de una situación como esa en la que están, qué tiempo tienen y cuál es su objetivo. Y hay algo más. Si la carnicera cuenta las excelencias de una carne gallega, el cliente no sospecha, pero si la directora de la sucursal bancaria resalta lo bueno que es un fondo de inversión el mismo tiempo que la carnicera usó para hablar de la carne gallega, el cliente empieza a sospechar. Si el peluquero pregunta sobre la vida de su cliente muy poco, parece hosco. Si el político pregunta sobre la vida del ciudadano como lo hace el buen peluquero, parece que está ocultando algo o que no tiene ideas (o las dos cosas). Lo que vale en un contexto no vale igual en otro: la planificación depende de que seas rápido en entender a quién tienes enfrente, qué quiere y qué puedes hacer en ese contexto comunicativo.

La conexión

En una clase, tu *storytelling* te lleva a conectar con los alumnos, pero para hacerlo tiene que haber un profundo conocimiento de la situación en la que se produce esa conexión. Si eres medianamente intuitivo, entenderás que tu trabajo es como vivir en un bucle, donde una clase se parece a la siguiente y a las quinientas siguientes en muchas cosas: de alguna forma todo se repite y solo tienes que recordar esas repeticiones para saber lo que te pide la situación. Siempre se dice que hay que escuchar a la otra persona. Y eso es una verdad a medias. Hay que escuchar la situación, porque la situación te explica por qué la persona reaccionó así o no. Si llegas un día a clase y a los alumnos (no al de siempre ni al *revientaclases*, a la mayoría) les cuesta más callarse, mantener la atención o comportarse de manera habitual (siempre que lo habitual sea lo admisible), tienes que detectar que ahí pasa algo –un ruido– que les afecta a ellos, pero que también te está afectando a ti. Entender eso es captar la vida de forma orgánica, es decir, en relación con todo lo que le rodea y le afecta. ¿Cuándo debes hacer algo?, ¿cuándo no?, ¿qué debes hacer?, ¿de qué forma?, ¿con qué tono? Todo está en la situación repetida decenas o cientos de veces que deja notas o pistas para reelaborar el proceso comunicativo en sus partes estructurales. Solo hay que mirar la situación una y otra vez hasta que sea como un mapa para turistas: claro, simple y lleno de colores. Si el estado de alteración proviene de que después se enfrentan a un examen (y tienes suerte de que estén en tu clase y no repasando por los pasillos), hay que adaptarse a su momento y no pensar en *tu* clase como algo estanco en sus vidas. Si el problema viene de que una clase que funcionaba siempre ya no funciona, porque no hay preguntas como antes o no hay brillo en los ojos como antes, quizá cambiaron sus referencias o sus preocupaciones. Pregunta a algún alumno. Explora el territorio siempre nuevo de entender por qué ahora hay menos interés: si el interés baja, la posibilidad de que lo que cuentes sedimente es más difícil. Investiga. Descubre. Adáptate. Precisamente, al adaptarte a la gente que tienes enfrente, estás construyendo un elemento profundamente subjetivo en la comunicación: hay un *fíate de mí* que se construye con palabras, pasión y orden derivados de escuchar y entender la situación. Lo primero para el profesor es lograr ese *fíate de mí.*

Conocimiento y vanidad

Dar una mala clase creyendo que das la mejor clase del mundo es muy sencillo: introduce más información de la que puede asimilar tu audiencia, habla muy deprisa para «darlo todo» o usa una presentación con abigarrados bloques de texto con lo «fundamental» y así lo lograrás. No es lo mismo que des una charla en un centro de la tercera edad que en un congreso de cirujanos maxilofaciales o en una clase de estudiantes de arqueología. La audiencia (y sus expectativas y formación) te ayudan a entender cuánta información puedes introducir.

La diferencia entre una clase y hacer una maleta es que cuando metemos más ropa de la debida, la maleta te *avisa* porque no puedes cerrarla. La clase no avisa: es un agujero negro de conceptos, definiciones, matices y puntos a tener en cuenta sin los cuales no se entiende nada (piensas... y piensas mal). ¿Qué van a creer los que me escuchan si yo no les doy toda la información que tengo y no puedo probar mi sabiduría? Primero, los demás no saben cuánta información/conocimiento/sabiduría tienes. No eres como ver una botella al trasluz: ah, le queda un cuarto de sabiduría dentro. Lo que quiere decir que con mucho menos de lo que tu inseguridad te permite ver ya eres fuente de autoridad. Segundo, otra vez estás siendo vanidoso. No te obsesiones contigo o con tu responsabilidad y preocúpate por encontrar el equilibrio entre lo que sabes y lo que ellos necesitan saber en ese momento.

Saber mucho más en comparación con lo que puedes decir en una hora o en cuarenta y cinco minutos es importante (incluso necesario) para dar una buena clase: solo así puedes descartar y elegir la mejor clase dentro de las clases potenciales que puedes dar. Piensa en todo lo que tienes que decir como piezas de Lego: nadie se preocupa porque le sobren piezas de Lego al final de construir cualquier cosa, ni siquiera un niño de cuatro años. Y los que hicieron la torre Eiffel o la Estatua de la Libertad… ¿crees que antes de empezar ya sabían que necesitarían 104.388 piezas y que no les sobraría ninguna? O quizá es de sentido común pensar que tendrían un depósito lleno de piezas y que muchas se quedarían sin usar por el bien de su creación. Crear es elegir. Y una clase no es una excepción. Llenar la clase de los conceptos que *necesitan saber* es una obsesión diaria del profesor, pero las clases son como las autovías: si hay muchos coches, hay atasco y nadie avanza.

Resumir es crear

Todo profesor que se marcha de vacaciones se lleva libros: esto es así. No uno (ese número no es digno de un profesor), sino varios. Para terminar un artículo, para ponerse al día con un tema, para leer lo último de… y algo de literatura, que son textos diferentes de nuestro concepto de «libros». ¿Cuántos de esos libros lees realmente? Uno de cada cuatro. Y además ya sabes que leerás con suerte ese 25%, pero dudas; quizá tengas tiempo. ¿Quién sabe? Prefieres irte de vacaciones tranquilo… Una clase no admite ese *¿quién sabe?* Esa tranquilidad del profesor le sale muy cara al alumno. Hacer una clase es un acto creativo como hacer una estatua o pintar un cuadro, por lo tanto, es un proceso que está vivo, que cambia, que crece, que mejora… o empeora. Eso significa una cosa: RESUME. Billy Wilder comparaba el acto de crear una historia con jugar al fútbol en un bosque: primero, delimitas el terreno de juego donde no hay nada. ¿Quizá te pasaste en las dimensiones del espacio? Lo ajustas. Luego, las porterías. ¿Están muy lejos una de otra? Puede ser. No estoy seguro. Voy a probar así y si no me gusta lo cambio luego. ¿Y no son muy grandes? Pues ahora que lo dices, sí. Qué desastre. Nada sale a la primera como yo quiero: eso es crear. Así haces la clase. Y cuando no tienes experiencia tienes que dedicar más tiempo para proyectar cómo quedará el contenido que seleccionaste en el tiempo que tienes. En la clase (y en todas las esferas comunicativas), la clave está en el control del tiempo para introducir el elemento adecuado en el momento correspondiente. Cuando estás dentro del ritmo de la clase (y lo sientes) intuyes mejor cuánto material puedes usar en ese instante. No el material que tu miedo dicta para que vayas a esa clase con una pátina de seguridad; no, el material que esa clase te pide.

Resumir es perder

Resumir no significa ser un mago que hace desaparecer cosas que en realidad no han desaparecido: cuando resumes sí haces desaparecer, es decir, estás obligado a perder contenido. La pregunta es ¿cuánto contenido puedes perder sin desfigurar lo que quieres decir? Si no resumes, muy pocos seguirán tu clase; si crees que resumir es un axioma, tu clase perderá sentido. Tienes que eliminar información que está allí al principio, cuando piensas la clase, y que te da un molde, una primera forma que te permite ver qué tienes y dónde estás. Es casi una sensación geográfica de poder observar un espacio imaginario con lo que sabes y luego buscar, ya más tranquilo, la belleza de lo simple y lo orgánico que tienes por primera vez ante tus ojos.

Esa primera forma de tu clase es muy importante, pero también tiene mucho de muleta después de una operación: la necesitas solo temporalmente, pero transcurrido algún tiempo puedes prescindir de ella. Te tienes que dar ese tiempo para ver si la clase está equilibrada o no y eliminar lo que sobra. Ten en cuenta este principio: cuando creamos, siempre creamos de más. Así que no actúas mal quitando materia; todo lo contrario. E. H. Gombrich apenas dedica una página a hablar de las pirámides de Egipto en su *Historia del arte* (1950). Creo que Gombrich, que dio clases en Oxford, Cambridge y Harvard, sabía algo más de las pirámides de Egipto de lo que escribió en esa página. ¿De verdad lo que tú enseñas no puede someterse a un ejercicio similar de contención y síntesis? ¿Lo tuyo/mío es más importante que las pirámides?

Para hacerlo todo aún más emocionante te diré que resumir es tanto una solución como un peligro: no se puede resumir por sistema. Muchas veces es mejor no decir o no citar que convertir la clase en una colección de trozos. ¿Y cuándo sabes que la clase está demasiado troceada o que, por el contrario, todo lo que usas tiene un sentido orgánico? Es un poco como jugar a las siete y media o al *blackjack*, pero más difícil. En estos juegos buscas lograr un número concreto para ganar: no te puedes pasar ni quedarte corto y es fácil saber si lo estás haciendo bien, porque tienes una referencia que te ayuda a entender qué es mucho o poco. El profesor juega a las siete y media o al *blackjack* sin tener ese número de referencia: por lo tanto, está condenado a la desorientación. Nada te dice que lo estás haciendo bien. Por eso es importante la experiencia en la situación; y si aún no la tienes también vale usar tu capacidad de proyección y pensar qué esperaríamos nosotros mismos si fuéramos alumnos. Pasar de modo profesor a modo alumno es fácil. Primero, porque todos hemos sido (y somos) alumnos. Segundo, hay una distinción clara: el profesor puede dejar de pensar en el tiempo; el alumno, jamás. El profesor trata de dosificar el contenido, pero puede emocionarse y estar horas hablando de su tema; el alumno que atiende tiene un umbral de aburrimiento, que varía mucho, pero que está ahí. Siente ese umbral más allá de tus emociones: así respetas a tu alumno.

Y elige un estilo

Normalmente se puede distinguir una película de terror de una comedia por muchos elementos: trama, música, iluminación, planos, tipo de gente que se sienta contigo en el cine, etc. Los géneros te aseguran un lugar seguro, porque hacen fácil saber qué esperar: la promesa de lo que vas a ver está hecha y aceptada desde antes de que el público se siente frente a la pantalla. No hay un género mejor que otro: cada uno tiene sus espectadores. Lo mismo sucede con el estilo docente.

Cómo dar clase tiene que ver con quién decides ser cuando estás en el aula y ayuda a los alumnos a saber qué pueden esperar o cómo pueden tratarte. ¿Les hablas de usted o les invitas al tuteo? ¿Haces chascarrillos, humor grueso u optas por leves ironías? ¿Serás flemático, histriónico, comedido o algo payaso? ¿El contenido lo impartirás cronológicamente ordenado o asociado de forma temática? Ten por seguro que no hay decisión incorrecta en torno a nada de esto y que depende principalmente de tu forma de ser: no hay ningún profesor (perdón, ningún buen profesor) que no esté de alguna forma en sintonía con quién es cuando da clase. Trabajar dentro del aula es estar en un *reality* que dura toda una vida: te sabes juzgado e intentas controlar lo que proyectas, pero dirigir grupos durante tanto tiempo hace inevitable que termines siendo tú, incluso en algún sentido que no te guste. Tu *personaje* también es, en buena parte, tu persona. Así que forzar el *personaje* significa desnaturalizar a la persona: crear un maniquí solo para que esté en el escaparate, ante los alumnos, no es una buena decisión. Todos ocultamos cosas en el aula, igual que todos ocultamos cosas cuando nos tomamos un café o cuando hablamos en el gimnasio con alguien, pero cambiar tu forma de ser por miedo, para caer mejor o por un confuso sentido de lo profesional no es buena idea ni en el café, ni en el gimnasio, ni en el aula. ¿Por qué? Porque los alumnos respetan la autenticidad; la respetan mucho más que lo contrario. Empezarás a dar clases envarado, pero poco a poco tienes que gritar *Ecce homo/Ecce mulier* y ser tú: un tú que te guste a ti y que sepa leer los límites de lo que les gusta a ellos sin dejar de ser tú. Y siempre recordando que, del mismo modo que hay un público para el cine de terror que no ve comedias, sucede también a la inversa, es decir, asume que un estilo te ayudará a enganchar a una parte de tu clase, pero te desconectará de otra.

Si hay que robar, se roba

Tu clase no es una anomalía del espacio-tiempo. Sé que a veces te sientes solo, pero no lo estás. Hay otras muchas clases al mismo tiempo que impartes la tuya; y no en Mogadiscio o Seattle, sino a unos pocos metros de distancia. Ahí está tu oráculo: el lugar donde puedes encontrar las respuestas que buscas. Tus alumnos y tú convivís con otros docentes en el mismo espacio: no todos son oráculo, claro. Al igual que en cualquier concentración humana, en la universidad habrá gente de todo tipo, pero siempre es recomendable tener un ojo puesto en los gigantes: esos compañeros que cuentan con el respeto del gremio o de los alumnos.

Obsérvalos como un antropólogo que anhela encontrar algo que te recuerde cómo somos todos. Ese algo está ahí, dentro de ti, pero no sabes verlo hasta que el espejo de un igual te lo ofrece. Intenta, si puedes, asistir a sus clases o verlos en acción. ¡Qué vergüenza! No voy a hacer eso. Vale, pues usa de espías a los alumnos; ¿qué te dicen?, ¿cómo organizan las clases?, ¿qué les parece? De la misma forma que un buen guionista disfruta de una película, pero sobre todo la analiza para ver qué funciona y cómo se ha hecho para que funcione, un profesor puede analizar las clases de sus compañeros para incorporar estrategias, estructuras o recursos que le permitan hacer mejor su trabajo. Quentin Tarantino dice que una de las cosas más importantes para hacer buen cine es *robar* elementos que ves en otras películas. Si Quentin puede…

Tus propias clases (las asignaturas que suelas impartir de forma más o menos habitual) son impartidas por otros profesores (puede que incluso por compañeros o amigos). ¿Hablas con ellos sobre cómo entiendes la asignatura? ¿Sobre cómo conectan con sus alumnos? Por supuesto, la conversación habitual gira sobre los sospechosos habituales (y dale con que vienen peor preparados) o alguna barbaridad que, de forma bienintencionada, dijiste en clase o te dijeron a ti. Una vez que superes eso, intenta profundizar más. ¿Cómo están siendo las clases? ¿Consigue conectar con ellos? ¿Qué hace cuando están distraídos o agobiados? ¿Cómo se siente? ¿Cómo cabalga esa emoción? En ocasiones, el librillo de cada maestro es personal e intransferible, pero en otras obtendrás información valiosa. No se te tienen que ocurrir a ti todas las ideas excelentes, también puedes reconocer lo excelente en los demás e incorporarlo a tu repertorio. Adquiere y comparte experiencias. Los soldados que están en un campamento militar en medio de una guerra no preguntan a los «cauces oficiales» dónde encontrar tabaco o café; preguntan a otros soldados como ellos, que tienen las mismas necesidades. En fin, aprender a dar una buena clase no está solo en los cursos de innovación docente o en los tratados teóricos de la asignatura, también lo puedes encontrar en las personas que comparten tus intereses, miedos y experiencias.

Durante la clase...

> Durante el día, me sentía oprimido por grandes preocupaciones, y por la noche soñaba que mataba a los salvajes y buscaba las razones que justificaban mi decisión.
>
> *Robinson Crusoe,* DANIEL DEFOE, 1719

Un pescador experimentado sabe que cuando el pez pica no es el momento de dar un tirón vigoroso, así solo conseguimos arruinarnos el día; y no por perder la pieza, sino por la frustración de no gobernar bien la dificultad. Tampoco es el momento para quedarse expectante a ver qué pasa, porque lo que pasa ya ha pasado y ahora queremos que siga pasando, pero ¿tenemos que hacer lo mismo? ¿O algo diferente? Un buen pescador no piensa: actúa. Suelta el sedal, deja que el pez –que se ha tragado el cebo y el anzuelo– se sienta cómodo, con posibilidades de victoria al menos, y cuando lo sabe cansado, tira. Vale, muy bien... Ahora ¿cómo se hace algo así en un aula?

Durante la clase se trata de aprovechar las oportunidades en las que conectamos con los alumnos (que no pasa siempre ni a todas horas). ¿Cómo reconocer esas *ventanas de oportunidad?* Hay diferentes señales de que el corcho se ha hundido porque alguien ha mordido el cebo. A veces, es una pregunta que incluye un «por qué», un «cómo» o un «pero entonces...». Otras veces no habrá señales y el cebo flotará sobre un mar tranquilo en el que tendremos la duda de si alguna vez hubo un pez. En esta ocasión, no se trata de aprovechar oportunidades, sino de crearlas. Así es una clase.

La regla de oro (que ya conocías)

«Lo que no te gusta que te hagan no se lo hagas a los demás» (Tobías, 4, 15), «no hables con extraños» (la madre de Caperucita), «no existe educación sin atención» (el primer profesor que dio clase). Las reglas de oro son sencillas y recogen la sabiduría del universo… y también su condición de puñetero, porque no son tan fáciles de seguir. Si los alumnos no te hacen caso durante la clase, difícilmente podrás conseguir los resultados educativos que esperas. Si nunca has conocido este problema en el aula, posiblemente seas un gurú educativo que nunca ha pisado una. En cambio, si tú también has sentido que tus estudiantes te miran como Artax (caballo) a Atreyu (niño en edad de la ESO) en el pantano de la tristeza mientras se hunde *(La historia interminable,* querido nativo digital), sabes que durante la clase hay momentos en que algo parecido a la tristeza inunda el corazón de los asistentes, que se hunden en el desinterés y la apatía a pesar de que tú les muestras el mismo arrojo y entusiasmo que Atreyu. Por supuesto, existe algo llamado «su responsabilidad», pero también existen otras cosas llamadas «tu clase», «tu trabajo» y «tu ilusión». Así que te diré cómo trato de sacar a Artax del pantano. *Spoiler:* no siempre sale.

Entender la atención en un mar de pantallas

Pantallas grandes, medianas y pequeñas. Algunas incluso minúsculas integradas en gafas. No sabemos a dónde nos llevará esto, pero sí hay un aspecto en el que podemos estar de acuerdo: su omnipresencia ha cambiado nuestra forma de gestionar la atención. Ser docente hoy en día implica enfrentarse a la postpostmodernidad durante cada una de las clases. Nuestro esfuerzo por capturar la atención y mantenerla es parecido al reto del pescador: un pez lucha por su vida de forma agónica, mientras que un alumno lucha de la misma forma contra lo que percibe como aburrido, es decir, lo que no aparece en una pantalla. No tenemos nada en contra de los TikTok, pero sí tenemos mucho en contra de que toda experiencia (y encima educativa) sea un TikTok. Por lo tanto, más allá de contenidos, actividades o aulas invertidas, lo que siempre necesitas en cualquier clase (o charla) es la atención de los presentes. Y, para hacerlo aún más complicado, no es algo que puedas conseguir tú solo (*disclaimer:* la atención es un trabajo de equipo). Normalmente el único trabajo de equipo que se le pide a un pez es que colabore mordiendo el anzuelo, pero es una colaboración –creemos– involuntaria. El resto del esfuerzo se le impone al pescador. En una clase eso cambia. Los asistentes tienen que hacer un esfuerzo honesto por interesarse y mantenerse en estado de atención, pero que sea su deber no significa que nosotros no debamos colaborar en esa dirección.

Primera parte. Captar la atención

Ser flexible o todo lo contrario

El mejor sistema político dentro de una clase es la dictadura, pero es una palabra (y una realidad) fea y nada post-postmoderna, así que compensa disimular un poco ante el alumnado. Abrir cierto debate sobre algún tema secundario. Ofrecer opciones para hacerles formar parte de la clase del tipo *¿qué quieres de postre? Yogur o plátano*. No dar toda la materia prevista si notas hartazgo o llegas a un buen cierre narrativo y/o emocional. Y sobre todo entender que las normas que fijas para tu clase puedes incumplirlas cuando quieras: ventajas de las dictaduras (pero nunca cambies una norma para crear una injusticia, sino todo lo contrario). Las normas son para que todo vaya bien; entonces, ¿para qué aplicar una norma si ya todo va bien? Es mejor tener sentido común que ser consecuente. Hace ya muchos años estaba con uno de mis directores de tesis doctoral cuidando un examen de recuperación. Había apenas unos siete u ocho alumnos en el aula. Si tienes a tu director encerrado en un espacio casi desierto durante hora y media, siempre aprovechas para hablarle de tu tesis y reducir lo que se pueda todas las inseguridades del universo. Empezamos a hablar en voz susurrada, pero mi director se cansó de tanto sigilo y, como tampoco quería molestar a los que se examinaban, sugirió que saliéramos de clase un momento. Lo hicimos con naturalidad y nos sentamos en un banco fuera del aula. Los alumnos se quedaron solos. Yo estaba ensimismado en mi tesis y seguí exponiendo mi lista de miedos y de cosas que había hecho, pero, de pronto, cuando ya llevábamos cerca de diez minutos fuera, me di cuenta de que estábamos incumpliendo con la parte que yo creía más sagrada de nuestro contrato como profesores: ¡impedir que copien! Alerté a mi director. Le dije que teníamos que volver, que llevábamos mucho tiempo ahí, que nadie vigilaba a los alumnos, ¡que iban a copiar! «No te preocupes –me dijo–, si copian, ya les suspenderá la vida.» Y seguimos hablando.

Desde entonces empecé a pensar de forma diferente en la flexibilidad. ¿Es bueno ser flexible? ¿Por qué motivo lo somos? ¿Por el bien del alumno o por el bien del alumno que nos viene bien a nosotros? Dejémoslo en que hay muchos tipos de flexibilidad...

Empieza bien la clase: no destruyas tu ethos

El *ethos* (según Aristóteles) es la credibilidad que tiene una persona que da un discurso, es decir, tú dices algo y todo el mundo te hace caso no porque tengas razón, sino porque eres tú: mola mucho. ¿Qué profesor no quiere *ethos*? Pues tengo una buena noticia: ya lo tenemos. El trabajo del profesor o del conferenciante no es lograr el *ethos,* sino no perderlo. Solo entrando en clase, y yendo con paso más o menos firme hacia la mesa desde donde se expende sabiduría, ya tienes *ethos*. Alguien decidió que sabes más que los otros que están en el aula; y los otros lo aceptan: por eso están allí. Es cierto que este *ethos* tiene la fragilidad de la pompa de jabón (¿cuál no?), pero mejor eso que nada. La forma más directa (y habitual) de perder el *etho*s es cuando el profesor llega al aula y, preso de un ataque de sinceridad, dice: «Esta no es mi asignatura, me avisaron apenas hace dos semanas que la tenía que dar y voy a hacer lo que pueda»; «Bueno, a ver qué tal se me da esto: es que no es lo mío» o «Gracias por invitarme, pero no sé muy bien si podré aportaros algo», etc. A la mierda el *ethos*. Está bien la sinceridad y presentar las debilidades, pero nadie va al cirujano para que le diga: «Aprobé la carrera con el peor expediente de mi promoción, me tiembla mucho el pulso y, la verdad, es que no tengo ni idea de qué le pasa, pero a ver si durante la operación se me ocurre algo». Si escuchamos algo así, lo más probable es que visitemos a otro cirujano; uno menos sincero.

No se trata de confundirse mezclando inseguridad con falta de sinceridad. Simplemente es que *durante* la clase no es el momento ni el lugar de hacer ese ejercicio de autocrítica. No lo sabes todo; no eres Leonardo da Vinci (ni te han pedido que lo seas), además la clase tampoco debe ser un espacio donde hay «uno que sabe y otros que ignoran». Decirse a uno mismo «yo soy el sabio y ellos no lo son» es una doble creencia limitante. Indudablemente sabes más de literatura francesa o matemáticas que ellos, pero los alumnos tienen una intuición más afilada y menos contaminada que la tuya. Si dejas espacio para preguntas o abres un diálogo, verás que la sabiduría de las mayorías se abre paso, que alguien expresa un punto de vista que, si bien no le hace sabio, sí que reconfigura el espacio que creáis entre todos para que quizá un concepto se entienda mejor o simplemente se cree un clima de confianza mayor. Leonardo da Vinci sabía mucho, pero intuía más. Y si fuera profesor de una asignatura de nuevas tecnologías no intentaría ser la persona «que conoce todos los programas», ni el único que pudiera aportar todo el conocimiento que surgiese durante la clase, más bien aceptaría que los que le acompañan pueden saber cosas que él no sepa o que tengan intuiciones que le lleven a saber más o mejor. Con esa actitud, Leonardo (y los que no lo somos) disfrutaría mucho de la clase.

Que tengas límites y que los expreses no tiene nada que ver con que gobiernes la clase: la inseguridad mala no está en tu falta de conocimientos, sino en tu falta de responsabilidad para asumir que tú lideras, gobiernas y diriges y que eres el responsable de dar sentido a lo que sucede en el aula. Pero ¿ser profesional no significa saberlo todo? No. Significa mantener vivo tu *ethos* y eso no se logra con un porcentaje de conocimiento, sino que se consigue cuando sienten que estás cómodo dentro de ese conocimiento. Los que están en el aula o en la sala vienen a aprender de alguien que sabe algo que ellos no saben. Si ellos creen que eres profesor, estás muy cerca de serlo: solo queda que lo creas tú.

¿Estoy listo?

Vas a dar una clase; y eso no es cualquier cosa. En otro trabajo puedes entrar en la oficina sin más y tener tiempo para tomarte un café. Aquí no. Tampoco tienes esos quince minutos de calentamiento que estás, pero no estás. Esto es más como meterte a bucear con tiburones blancos. Eres experto y sabes que no te van a atacar, pero si lo hacen, puede ser a los cinco segundos o a la media hora. Necesitas atención (¿recuerdas?). De camino a la clase eres el actor que se está maquillando en el camerino, que está en silencio o teniendo la conversación que desea tener, no otra. Cada uno tiene su forma de entrar en trance: a algunos les puede encantar dar un paseo o mirar un acuario porque les parece una experiencia zen; a otros ese acuario, si no tiene un buen bogavante para comérselo, no les parece que tenga el menor interés. No hay una pauta de cómo hacerlo, pero sí una necesidad de llegar al aula con atención plena…

Los alumnos llegan tarde, ¿qué hago?

… porque el *rock and roll* empieza pronto: ¿pueden llegar tarde los alumnos a clase? Uno de los autores de este libro cree que no. La puntualidad (más bien su ausencia) llega a dogma de fe en nuestros días. Conviene evitar fanatismos, pero también es necesario unos mínimos que regulen la necesidad de estar donde se han comprometido a estar más allá de su buena voluntad. La vida adulta nos exige puntualidad en ocasiones. Nosotros mismos evaluamos la importancia que le damos a algo (o a alguien) por nuestro compromiso con la puntualidad. ¿Quién llega tarde a una primera cita? ¿Y a una cita con el oncólogo?

Por eso no se puede llegar tarde al teatro o a la ópera: porque no te dejan pasar. Parece una comparación algo presuntuosa con una clase, pero no es solo por la alta estima en la que tienes tu trabajo, sino también por la altísima estima que tienes del tiempo de los demás alumnos. Una persona que llega tarde genera distracciones, se incorpora a un discurso después de que se haya cometido el asesinato o se haya declarado un amor imposible, en fin, llega *in medias res*, pero se asume candorosamente que entenderá toda la historia después de sentarse… y de los cinco minutos más de rigor que tarda en sacar su ordenador (y del golpe del ordenador en la mesa), hablar con el de al lado, amansar el estrés que trae de fuera… No solo llega tarde es que encima llega *sin estar*. Sin embargo, no dejar pasar no debería tratarse de un ejercicio estéril de autoridad: se puede ser flexible dentro de lo inflexible. Más bien se puede abrir un proceso de negociación, no es «aquí se llega a la hora y punto», se puede dialogar sobre la medida y su uso. Puedes cerrar la puerta y dedicarte a preparar la presentación y dejar dos o tres minutos para que entren los rezagados antes de que empieces; puedes hacer una pausa a los diez minutos (tras repasar cuestiones técnicas de la asignatura, preguntas o un breve repaso) y dar dos minutos más para que entren los que esperan, puedes pedir una compensación por el retraso o lo que se te ocurra. O puedes no dejarles pasar. Pero fundamenta la medida en el diálogo y la coherencia.

Exigir puntualidad (o no dejar entrar a alguien en clase) implica una restricción a los alumnos (lo mismo que no permitirles usar ordenadores en clase, dar mucho contenido, etc.) y te hace perder puntos en la encuesta docente, pero tú no das clase para la encuesta, la das para los estudiantes y el objetivo final no es ser el más popular ni que te pongan una alfombra roja al salir del aula: el objetivo es la educación… para que a ellos les pongan algún tipo de alfombra roja en el futuro.

Sin embargo, el otro autor cree que los alumnos sí pueden llegar tarde… con matices. Se imagina a los alumnos esprintando por el pasillo para adelantar al profesor *in extremis* en plan *Fast and Furious*. ¿De verdad es necesario? Si marcas esta norma, algún alumno distraído entrará después de ti y, lógicamente, tendrás que echarle. Perfecto, piensas, ya está claro quién tiene la autoridad. Ah, ¿antes no lo estaba? Lo que has conseguido es intimidar, provocar miedo e incluso cierto aroma de injusticia dependiendo de cuánto de tarde haya llegado el alumno y de lo querido que sea en la clase. Y desde ese lugar emocional das la clase: ¿de verdad no hay una opción mejor?

Si uno o varios alumnos llegan tarde y tú ya comenzaste la clase, déjales pasar. ¡Es que me distraen! Entiende que tu *espectáculo* es más el fútbol que la ópera: no pasa nada porque te distraigan un poco, pierdas el hilo un instante o repitas algo. ¿Qué cambia en el mundo? Nada. «Pero ellos deberían llegar a su hora»; seguro que lo intentan y la mayoría lo hace.

Ahora bien, si no estamos en el caso de que solo llegan tarde uno o varios alumnos, sino que la clase parece el Serengeti en la estación de migración de los ñúes… hombre, eso no: ahí te plantas e incluyes en la clase del día un tiempo para decir que no puede ser, que la falta de puntualidad es una falta de respeto, que es importante generar hábitos… lo que quieras, pero no amenaces de primeras con que desde entonces quien llega tarde no pasa. Si están en modo ñúes, lleva tiempo devolverles a todos a su forma humana.

Hay que empezar por el principio

Acabas de entrar por la puerta y en ese momento comienza la clase; sí, antes de que digas «buenos días» o «vamos a comenzar». Los alumnos ya te juzgan por cómo eres, por cómo te mueves, por lo que haces y por si llevas mocasines o unas Nike del año pasado (oh, Dios mío). Todos somos máquinas de crear sentido; ellos más si cabe. Pero solo pasa en las primeras sesiones, luego te aceptan como uno más de la manada. Tanto si estás nervioso como si no, nunca empiezas la clase nada más pisar el aula. Siempre hay unos minutos perdidos entre medias; una transición que hay que saber cuidar. Esos momentos previos pueden reducir tu tensión, porque comienzas sin comenzar, y también la de ellos, porque si manejas con cierto arte esos minutos te sienten cercano y no te ven como Moisés con la misión de abrir las aguas del mar Rojo. Recuerda que no esperan tanto de ti: solo una clase. Esa transición consiste en zambullirte en su entorno y hablar con algún alumno que tengas cerca, comentando cosas del día como si estuvieras en la pescadería esperando tu turno. Sé uno más durante unos segundos; no tengas prisa por ser el jefe (o la jefa), que ya desgasta bastante el cargo durante el resto de la clase.

¿Están ellos listos?

Los alumnos hablan en clase. Bueno, vale, tampoco la clase tiene que ser un monasterio cisterciense un 100% del tiempo. Los alumnos hablan y nos revientan la clase. Ah, eso es otra cosa. Llegamos por fin a los *revientaclases*, es decir, a los que dijimos que sería más justo llamarles los *revientaprofesores*. ¿Por qué? Porque el clima de una clase no se altera por una o dos interrupciones, pero tu concentración o tu estado de ánimo sí puede irse por el desagüe y eso te arruina la clase, quizá no la clase en sí, que la puedes salvar con más o menos dignidad, pero sí tu relación emocional con la clase para lo que resta de curso.

Si dices «no pararon de hablar», es que efectivamente no lo hicieron; así que no controlaste la situación. Había un fuego en el aula y tú te fuiste tranquilamente al terminar tu trabajo mientras las llamas lo devoraban todo. Problema: cuando vuelvas, ese fuego seguirá ahí; no se extingue, es decir, vuelven a hablar hasta que el incendio quema algo que no creías que ardiera con tanta facilidad: tu paciencia. ¿Y ahora qué?

Estrategias para que los alumnos no hablen en clase

La amenaza

Les llamas la atención una vez, dos... quizá tres. Y a la cuarta llega el desahogo. Les dices que no entiendes por qué están allí, que así van muy mal, que ya verán con otros profesores (porque tú eres la bomba de paciente, claro, pero: ay, los otros), etc. El desahogo puede venir acompañado de amenaza: os lo estudiáis por vuestra cuenta, amplío el temario, dejo menos tiempo para la entrega de una práctica... Rara vez ejecutamos todas las amenazas que hacemos: somos como Corea del Norte y basta con que los demás sepan que tenemos armas nucleares para que, sin usarlas, sean muy eficaces. ¿Logras silencio así? Depende de tu intensidad o del nivel de la amenaza. Entonces, ¿se callan? Sí, pero a través del miedo. Ser temido no te deja en el mejor de los lugares emocionales para ser polo transmisor de conocimiento.

La humillación

Yo no humillo a nadie. ¿Seguro? Por supuesto que estoy seguro. ¿Te diriges directamente al alumno y lo corriges delante de decenas de compañeros? A veces sí. ¿Y estás enfadado? ¿Cómo no voy a estarlo? ¿Y cuando estás enfadado le puedes corregir sin pasar ni tan siquiera un poquito la línea roja de la humillación, aunque sea sin querer? Mmmmmm. Cuando detienes la clase para pedirle al alumno charlatán que cuente «eso tan divertido para que nos riamos todos» estás activando, de forma deliberada o no, un mecanismo de castigo a través de una exposición forzada que tiene un impacto emocional en las inseguridades de la persona a la que te diriges. Nunca contesta a tu pregunta, así que has vencido, pero te has dejado un cadáver por el camino (o dos, si incluimos tu equilibrio emocional). Se lo merezca o no, recuerda que siempre juegas en una posición de ventaja por edad, experiencia y porque eres el profesor, así que asume ese poder con tanta responsabilidad como *Spiderman*.

El silencio

Si hay murmullo antes de empezar la clase, te apoyas en la mesa o te sientas en ella. Si quieres ser más disruptivo, te sientas en la tarima o sobre un pupitre cerca de algún alumno y aguantas lo necesario. Tardan más o menos, pero se produce el milagro: ellos solos se callan. Más bien parte de la clase manda callar al resto. Tienes aliados: no los ves, pero están ahí. Déjales que te ayuden.

La conversación

Si hay mucho caos al empezar, también puedes ponerte a hablar con un alumno de la primera fila sobre la vida, como si estuvierais en la cafetería. ¿Así de sencillo? Sí. Al principio nadie se da cuenta de tu actitud iconoclasta: el que debería pedir silencio se dedica a hablar. Pero según pasa el tiempo, la clase se cansa de hablar y se acuerdan de que están allí para recibir una clase, que *toca* que empiece, pero nadie les está pastoreando para hacerlo. ¿Por qué el profesor no da clase? Y empieza otra vez el milagro: se reclaman silencio los unos a los otros.

Odia el pecado, perdona al pecador

Un alumno no para de jugar con el móvil durante la clase o hay dos que charlan entre sí o cualquier otra de las situaciones de erosión no muy significativa –si no se dan día tras día tras día– que se pueden dar. Y como no te gusta el conflicto (ni siquiera el de baja intensidad), porque el ritmo de la clase está yendo bien y no te apetece abrir la autopista al infierno, al menos si puedes evitarlo, que terminará con el ritmo y con tu control (que te conoces bien), decides ofrecer una salida honrosa para todo el mundo. Fijas tu mirada en algún punto indeterminado y empiezas a abordar la infracción, sin mirar al infractor (o mirándolos a todos). Esperas que se dé por aludido, aunque, en cualquier caso, ya tiene una tarjeta amarilla en tu registro personal. Si le has puesto la roja, cambia de estrategia: te estás castigando a ti mismo sin darte cuenta. Mejor háblalo con él/ella a solas.

La ironía

El profesor parece ser el único interesado en el buen funcionamiento de la clase ¿Qué pasa si damos la vuelta al cliché? Cuando hablen, paras la clase –sin ira, sin cólera, sin *cómo es posible que no entendáis lo importante que es esto*– y les dices que NO tienes prisa, que has desayunado muy bien, que los viernes por la noche tú solo ves Netflix (solo válido para clase del viernes por la tarde), que a ti el sol tan agradable de fuera te da igual, que eres un poco Drácula (válido para las clases de primavera)... Haces cualquier comentario que te permita escapar del cliché de que te preocupa el tiempo o la materia. Además, ellos son los que quieren terminar cuanto antes: tú estás feliz en clase. ¿Puedes estar más tiempo? Pues más feliz estás. Pero aquí también parece que estás amenazando con extender más aún la clase, ¿no? Sí, pero con estilo. Lo haces con mucho estilo. Temen lo que puedas hacer, pero como eres tan encantador...

La desesperación

Una vez uno de los autores de este libro estrelló una tiza contra la pizarra (las tizas en el entorno digital aún son útiles), mientras que el otro pegó un puñetazo sobre la mesa; los dos en plan *uy qué enfadados estamos*. No era un artificio o un recurso: fue desesperación. Un sentimiento lógico cuando sientes que la clase se te va de las manos como el agua entre los dedos. Algo teníamos que hacer. Pero esa forma de buscar la atención tiene dos costes: 1) que los alumnos crean que están ante John Wick y que le han matado a su perro; 2) la sensación de vergüenza al terminar la clase por haber perdido el control emocional cuando lo que más debe definir a quien está al frente de un grupo de personas es ese control: desde el control, desde la calma, se toman las buenas decisiones. Hay una máxima estoica que dice: «El gladiador decide en la arena». En la clase estás en la *arena.* Y te sientes observado y los que miran esperan mucho de ti, sobre todo tú, que también estás mirando. Estrellamos esa tiza y dimos ese puñetazo por miedo a no ser buenos profesores, pero al hacerlo nos alejamos inmediatamente de serlo.

La desesperación creativa

Al igual que se hace en el colegio, también puedes hacer que alguien se mueva de su sitio. Y luego recordarle al final de la clase que si vuelve a hablar le tendrás que mover otra vez. Una vez había cuatro o cinco personas que no paraban de hablar en la última fila; así que decidí pasarlas a la primera, intercambiando los lugares con los alumnos que estaban allí. En la primera fila murmuró alguien: «¿Por qué tenemos que movernos si no hemos hecho nada malo?». Lo oí, pero no cambié mi decisión. Estaba demasiado enfadado e incluso orgulloso de una decisión que no había sido la mejor que podía tomar. Ya en frío entendí que ese alumno tenía razón. Y pedí disculpas al día siguiente. Las acciones están muy bien, pero solo si están graduadas, es decir, si consigues con ellas más cosas de las que pierdes.

El *reset*

Hay unas pocas pocas veces en las que nada sirve. Ni las amenazas, ni la vergüenza, ni el miedo. Nada. Hay alumnos que siguen hablando. Entonces lo mejor es hacer *reset:* echarlo de clase. Durante algunos años crees que echar a alguien de clase es un fracaso del profesor, pero con el tiempo te das cuenta de que echar a alguien es como tener un tipo de destornillador muy especial dentro de la caja de herramientas: no se usa mucho, pero si hay que usarlo, se hace; para eso está. Además, si tienes que llegar a un *reset* puede que la clase esté tan harta del alumno que no acepta las reglas como tú: echarle es un acto de justicia. Te toca ser juez y tú también estás para eso, señoría. Entre los dos autores del libro tenemos una media de 0,6 alumnos expulsados de clase al año (las medias siempre son engañosas). Es decir, los *resets* son excepcionales; echar a cuatro alumnos por semana sería como hacer barbacoa todos los días: deja de ser especial (y provoca acidez). Además, tu botón nuclear se quedaría en nada, porque los alumnos seguro que competirían por ver cuál sería el siguiente en ser expulsado. Y si para ellos comienza a ser divertido...

Segunda parte. Mantener la atención

Charlar la clase o el storytelling

Tu objetivo es charlar una clase. ¿Significa que tienes que ser su amigo? No. ¿Significa que tienes que ser tabernario? No. ¿Significa que tienes que ser breve? Tampoco. Significa que tienes que fluir. Fíjate en la última charla que disfrutaste. Y no en las palabras; las palabras (con perdón) son lo de menos. Lo importante son la duración de las intervenciones, las pausas, la energía –y cómo varía esa energía–, los gestos

–y la lógica de esos gestos–… Todo parece una coreografía ensayada, y en cierta forma lo es porque has vivido esa situación miles de veces, pero nunca has tomado conciencia de lo que sucede en esa conversación con detalle porque todo fluye. Así tiene que ir tu clase. Tus movimientos, cuándo paras, cuándo decides ser enfático, cuándo les mandas callar y por qué, cuándo te detienes más en un concepto, cuándo los animas, cuándo abandonas (un poco) tu rol, cuándo les dejas espacio… En un buen ejercicio de *storytelling* todo tiene su sitio; hay orden *(dispositio:* ordenación de argumentos) y da igual que lo que estés contando sea una clase, un chiste o *Lo que el viento se llevó.* A los profesores nos gustaría ser Anne-Sophie Pic, chef de nueve estrellas Michelin, que cuando prueba un plato puede decir con total seguridad: «Le falta eneldo». A todos nos encantaría haber dado una clase y decir: ¡falta ESTO! Muchas veces no es un *esto*, sino que son varias cosas; y algunas no las puedes encontrar en ningún Mercadona o Ahorra Más: allí no hay un ánimo, una forma de entender, una actitud, un poco de dominio de la *elocutio* (articulación estilística de los argumentos). No te obsesiones con hacerlo todo bien o por entender qué no estás haciendo bien; obsesiónate con darte cuenta de que todo cuenta: así empezarás a quitar las piezas de Lego que no valen y a encontrar las que sí lo hacen.

Su atención siempre es maravillosa

La atención es adictiva para mucha gente. Nos gusta sentirnos escuchados, e incluso que se nos mire con respeto y admiración por nuestro discurso inteligente y bien articulado. Sin embargo, el otro también está ahí, ¡es necesario que intervenga! No acapares la atención de la clase como si fueras Gollum con el anillo: lánzala hacia quien tienes delante con algún tipo de interpelación y, ahora sí, eres tú el que debe prestar atención.

El respeto no es solo pensar en el tiempo como *cantidad*, también se trata de pensar en la *calidad* del tiempo que ofreces. Si esperas atención del alumno, deberás ofrecer lo mismo, y en la misma (o más) intensidad que lo esperas. Cuando has preguntado a alguien en clase para que participe, no lo has hecho para ver si estaba atendiendo y no esperas que haga eco, es decir, repita lo que tú has dicho, lo has hecho para buscar una forma de encuentro, un *vámonos juntos en este coche...* pero no a todos les gusta viajar en *tu coche*, ni todos quieren estar el mismo tiempo dentro de él. Pero ojo, incluso para los que aceptan la invitación, deben tener claro que tú estás sentado detrás del volante. Hace tiempo tuve ocasión de asistir a las clases de una profesora en una universidad nórdica. Tenía mucho interés en aprender cómo se da clase en las universidades de los países *serios*. Su método radicaba en proponer lecturas y comentarlas en las clases siguientes. Lleno de entusiasmo, yo también realicé las lecturas y me preparé para asistir y absorber el complejo mecanismo de una nueva metodología para hacer un seguimiento del conocimiento adquirido por el alumno. Las preguntas que la profesora hacía eran amplias, del tipo «¿Qué opináis de cómo este autor habla de *tal cosa en el texto?*». A los alumnos les resultaba difícil romper el silencio y al hacerlo sus respuestas no eran muy luminosas: «Esto me recuerda a que mi tía una vez me dijo que...», «Esto lo vi en una película...», «Me ha sorprendido mucho: no me lo esperaba, pero no sé muy bien por qué» y así todo. Al final de la clase, la profesora se tomó un café conmigo y me contó que si solo hablaba ella normalmente los alumnos desconectaban, y que entendía que preguntándoles les obligaba a estar en tensión, aunque la mayoría contestara cosas superfluas, pero es que: «¿Qué le vas a preguntar a un estudiante de algo que ya está claro?». Esta profesora había visto el problema (necesitamos que intervengan), pero no su solución (necesitamos que intervengan... y que mejoren la clase).

El profesor se enfrenta en el aula a 3 tipos de preguntas y/o intervenciones:

1. **Las maravillosas en sí mismas...** te hacen salir de tu esquema de clase para conectar mejor tu materia con la realidad o hacen aflorar dilemas, contradicciones o matices que dan sentido al tiempo que pasáis juntos, porque solo surgen de auténticas dudas que dejan de serlo cuando las resuelves y sitúan la clase en otro nivel.
2. **Las maravillosas si las ayudas un poco (o un mucho)...** ponen a prueba tus reflejos, porque seleccionas una idea que está pobremente expresada, o que no está tan lejos de lo que se dice, y tú mismo haces que afloren dilemas, contradicciones o matices y culpas de ello al alumno: un 2x1.
3. **Las maravillosas para hacerte perder el tiempo...** crean la sensación de que no pasa nada si preguntas

una gilipollez. Dedica tiempo a responder o reconducir la intervención con la elegancia de un cisne que cruza el estanque; y si hay riesgo de que tu respuesta deje en evidencia al alumno, di que se lo comentas después. Estas son las más complejas de contestar, porque tienes que hacerlo bien para no ahuyentar a las maravillosas tipo 1 y 2: es una buena inversión.

Así que celebra cada intervención de un alumno: tienes la seguridad de que siempre será maravillosa.

¿Alguna duda?

La frase que más silencios ha generado en la historia de la educación es la de «¿alguna duda?» y si, como podrás apreciar posteriormente en un examen, en una actividad o en una conversación en el pasillo solo quince minutos más tarde, no lo habían entendido bien: ¿por qué no había preguntas? Vamos a dar respuesta a uno de los misterios más insondables de la educación.

a) Imagina una habitación vacía para la que, inesperadamente, te traen un sofá rojo de tres plazas y lo colocan en el centro. ¿Queda bien ahí donde lo han puesto? Pues teniendo en cuenta que no habías pensado si pondrías un sofá, ni su color… ¡si ni siquiera sabías que tenías una habitación libre! El sofá queda ahí y tú piensas que ya decidirás luego el uso de la habitación y si necesita un sofá. El (nuevo) conocimiento tiene el mismo efecto en la cabeza de tus alumnos, porque necesitan tener claro para qué sirve, y si se trata de un conocimiento «abstracto», entender cuándo pueden utilizarlo o qué valor pueden darle. Cuando se aclaren quizá te pregunten dudas... pero a su tiempo, no al tuyo.

b) Piensa en el último curso de formación, conferencia o similar al que asististe. Posiblemente, cuando terminó y se preguntó si había dudas o alguna pregunta, te quedaste callado. ¿Por qué? Tal vez lo tuvieras todo claro, tal vez tuvieras la sospecha de alguna pregunta menor, pero ya estabas cansado, o la viste como poco interesante o incluso algo tonta para realizarla entre tus compañeros de profesión. Por eso preferiste buscarlo en Google o ser solo un poquito más ignorante. Esa mezcla de pereza, inseguridad o necesidad de digestión también está delante de ti cuando preguntas: ¿alguna duda?

c) A algunos (o a muchos) les ha pasado ese día algo más importante que lo que tú has explicado y, honestamente, no han estado en tu aula al 100% (aunque te miraban). Alguien se ha enfadado con su pareja y no sabe si pedir perdón o esperar a que se lo pidan, otra está rabiosa por los penaltis que le han pitado a su equipo, varios intentan aprovechar el mensaje que les ha llegado por el grupo de clase de que hay rebajas en su tienda favorita y un largo etcétera que podríamos ampliar hasta el infinito. Y justo después de ese infinito viene tu pregunta. Nos puede pasar a cualquiera, a ti también.

No es necesario ser negativos por las situaciones anteriores: somos humanos y nos pasan cosas de seres humanos, como que tus aspiraciones intelectuales con tus alumnos naufraguen a veces frente a urgencias más terrenales. ¿Acaso no dijimos que esto era un juego de equipo?

Reconstruye la forma en la que preguntas

Pero ¿y si no es culpa de sus limitaciones?, ¿y si podemos hacerlo mejor? A medida que pasa el tiempo hace falta que hagamos las cosas de forma diferente si no queremos seguir consiguiendo lo mismo. Dar clase es una de esas cosas. Tu parte de la clase es sencilla cuando estás en «tu contenido». Solo tienes que ir desgranándolo de manera más o menos organizada y aprovechando los recursos de los que dispones y has preparado. Ahí no necesitas improvisar. Sin embargo, cuando abres la espita de las «preguntas» sí que necesitas hacerlo. Si no hay preguntas, ¿vuelves al terreno «seguro» en el que solo tienes que hablar y confiar en que el conocimiento llegue antes o después? ¿O prolongamos la agonía de las preguntas e intentamos obtener alguna reacción? Esta segunda opción es la que necesitas si quieres *charlar* la clase, porque *charlarla* no significa que tus alumnos emulen a Aristóteles respondiendo a Platón, sino lograr que estén allí contigo abiertos a aprender en vez de cerrados.

Para ello, tienes que aprender a preguntar. Si no hay dudas, plantea certezas o escenarios alternativos que obliguen al cerebro de los asistentes a calentarse en zonas que estaban frías. Construye preguntas que sean juicios morales, que provoquen, que llamen a su puerta («¿tú consideras que...?»), ejercicios de *roleplay* («¿tú qué hubieras hecho si...?»), situaciones en directo («tu compañero acaba de... Y tú, ¿qué harías?») que estén vinculados con la asignatura. Las posibilidades y el tipo de preguntas son tan amplios que depende de ti buscar la tecla adecuada en cada momento. Kandinski decía que el alma humana era un piano con muchas teclas: busca esa tecla que pueda captar su atención. Que les dé el tiempo suficiente para que *vuelvan* de allí donde estén. Quizá no la encontrarás a la primera, pero la búsqueda merece la pena. Y tienes tiempo: si fallas en la primera clase, ahí te espera la segunda; si no, la tercera, etc. Ensayo y error.

Supongamos que fuera lógico que no tengan dudas, es decir, asumamos su muro de silencio, pero ¿y si les preguntamos si serían capaces de hacer un vídeo de TikTok sobre lo que han oído? ¿Cómo lo harían? ¿Consigues reacciones así? Estudia tus preguntas y dedícales atención plena a sus respuestas. Sáltate tu guión de la clase para llegarles, incluso deja de hablar de la materia para hacerlo de algo más tangencial para luego volver al contenido. *Salir* de la clase (de lo pautado) y volver a *entrar* en el momento adecuado es de lo más bonito de esta profesión. Es un acto de profunda creación. Disfrútalo.

¿Y por qué no preguntan ellos?

A casi todos nos encanta ser rebaño de vez en cuando, pero nadie lo reconoce. No haces nada y te sientes protegido a la vez, porque sabes que al final alguien hará algo que debe hacerse (y si no se hace, tampoco es el fin del mundo). Nuevamente tienes que tener en cuenta la condición de ser humano del alumnado: nos cuesta salir de la comodidad del rebaño. ¿Por qué el alumno debería ser diferente? Hacer una pregunta en clase es como presentarse voluntario al pelotón de fusilamiento. ¿Haré el ridículo? ¿Qué pensarán de mí los demás? ¿Se lo tomará bien el profesor? Estas dudas están ahí y pesan bastante. Es cierto que ninguna de estas preguntas tiene que ver con el conocimiento, pero sí con el ser humano que bloquea la posibilidad de acceder mejor a ese conocimiento. Que te pregunten en clase es como hacer natación: viene bien por todo. Sientes dónde está la clase, te dota de ritmo interno, te puedes salir a temas laterales y relacionarlos con lo que estás diciendo para potenciar tu contenido y su influencia…

Hay que tener en cuenta que cuando el profesor habla de una buena clase, porque «intervienen mucho», quiere decir que participa entre un 15-20% de los alumnos. Si interviniese el 100% de la clase, estaríamos en un escenario más cercano a la guardería, donde un 80-100% puede querer intervenir a la vez. Y eso no es posible, un director de orquesta sabe que todos los instrumentos no pueden sonar a la vez y desacompasados: si sucede, es un infierno. Hay que mimar a ese 15-20% que siempre está ahí por estadística. Los extrovertidos. Los descarados. Los sinvergüenzas (en su sentido más alegre y puro). Siempre te están esperando para *crear* la clase… si los recibes bien. Una pregunta –siempre maravillosa, recuerda– puede ser un momento de relajación, pero dirigido a fijar mejor el contenido o el tema; una pregunta también hace la clase democrática, libre y algo caótica. ¿Eso está bien? Sí, y mucho.

Sin preguntas la clase te saldrá más redonda, más como tú la imaginaste, pero también será menos buena y no llegará a lugares más profundos. Si el profesor reacciona a una pregunta manoteando con desesperación para librarse de ella, como si una avispa se le echara encima, no tendrá muchas preguntas. Los alumnos no solo entienden las reglas del juego que se exponen, sino también las que no, los subtextos y el *no me molestéis con vuestras preguntas porque me distraen o porque demuestran vuestra estupidez* se entiende muy bien. En este contexto, el profesor solo tiene un 0-5% de kamikazes que harán preguntas arriesgando su autoestima. Mal negocio.

Sentir el tiempo

El tiempo es el Himalaya del profesor. ¿Por qué? Primero, porque una cosa es la clase imaginada o escrita y otra, la real. La valoración del tiempo que te lleva cada parte tiene que ver no solo con la cantidad de palabras que tenga, sino también con su densidad. Esto no es una frutería donde compras al peso. Un aguacate verde y otro maduro pesan más o menos lo mismo, pero uno está acartonado y el otro sabroso, lo mismo sucede con la densidad que tienen las palabras. ¿Cuentan algo muy nuevo?, ¿muy oscuro?, ¿desafían mucho a la audiencia para lo que dijiste en la clase anterior o lo que les han dicho otros colegas? No ¿Seguro que no? Puede ser que alguien te pregunte (si no es una conferencia) y descubras cuánto de acertado o de equivocado estabas, pero es mejor que no cuentes con esa pregunta que te ayuda a saber dónde está la clase en ese momento. Tienes que entender el grado de desafío de lo que dices; y darle más tiempo, más palabras, más espacio para que no se te pierda ningún alumno. Debes sentir el tiempo que necesitas y no para uno, sino para todos. Eres el pastor alemán y no puedes permitir que ninguna *oveja*, sin voluntad de perderse (si la *oveja* está con el móvil, esa ya está perdida), se extravíe. Y nuevamente no vas a tener ninguna señal, así que haz un poco de tiempo. ¿Y qué es eso de *hacer tiempo?*

Hacer tiempo o cómo pasar el líquido de una botella a otra

Vierte el líquido de una botella en otra, hazlo rápido y gran parte del líquido (que sale a borbotones) se irá fuera. Hazlo despacio y lo conseguirás. ¿Dudas de que seas capaz de hacerlo? Entonces usa un embudo. ¿Por qué hacerlo difícil cuando lo puedes hacer fácil? Plantéate tus clases de la misma forma. Si tienes un temario y una planificación que cumplir, y quieres asegurarte de que el conocimiento pasa, como un líquido, de un recipiente a otro, hazlo con cuidado, valorando las herramientas que tienes para hacerlo. Si lo haces deprisa, gran parte del contenido acabará desparramado. Hazlo más despacio y lo conseguirás. ¿Quieres hacerlo más fácil? Busca un *embudo,* yo te aconsejo uno: el tiempo y su correcta administración. Hay que saber dejar respirar a la clase, es decir, hacer tiempo. La clase siente que has dejado de avanzar (les estás engañando), que están en un momento diferente, tomando un café sin que esté el café delante. La máquina de producir materia paró; los alumnos no escriben de forma continuada: toman notas, cada uno a su ritmo, pero sobre todo te miran.

Respiran. Y mientras respiran tú sigues avanzando en la clase, aunque no de forma vertical, sino horizontal: no hay conceptos nuevos, sino una mayor comprensión de los conceptos que tienes, de sus matices, contradicciones –puedes atacar a lo qué acabas de decir, sí–, implicaciones, efectos... Y eso lo haces relacionando. Partimos de un concepto que está en clase y lo sacamos de *paseo*, lo llevamos a otro sitio: eso es relacionar. Puedes poner un ejemplo que se dio en la historia, hablar de algo que está sucediendo en la actualidad, en tu vida, en la de ellos, lanzarles el cebo de *esto será importante en el futuro cuando tengáis que...* Que vean que tu concepto –tu clase, en realidad, porque lo que haces en este momento marca tu tipo de clase– está vivo; que sientan que no están en un museo, que no pueden tocar nada. Están en el parque de atracciones, un lugar lleno de tentaciones... para pensar.

¿Cuál es la diferencia entre un profesor pelma que cuenta su vida, sus obsesiones o su ideología y otro que usa parte de eso para dejar respirar? Que lo que cuente sea *pertinente;* sea el viento que empuje las velas del concepto. Si la relación con el sentido de la clase es tangencial, lo sentirás. Más bien lo sentirá el alumno, que se distrae más, que le ves fuera, que te grita con el lenguaje no verbal *no estás dando en la diana*. Puede pasar, de hecho, pasa. Y eso es buen indicador –si no pasa con regularidad– porque quiere decir que sigues intentando buscar los límites de qué les puede mover, qué les puede provocar. De esa provocación nace el interés. Y abrir la puerta del interés es nuestro trabajo.

Tercera parte. Aliados y, sin embargo, enemigos

Innovación, nuevas tecnologías... y otras tonterías

La gente a la que no le gusta la situación en la que vive a veces decide evadirse usando el alcohol, los dulces, los videojuegos, el coleccionismo de Funkos o el *crossfit.* Algo que llene su mente y que les evite pensar demasiado en una situación ingrata que no puede cambiar y de la que tampoco pueden escapar. Están desesperados, incluso sin reconocerse a sí mismos que lo están. Quizá por eso las críticas que ha recibido el sistema docente sobre su eficacia han tratado de resolverse únicamente con innovación educativa y tecnología: dos formas de evadirse de una situación desesperada.

Vivimos la utopía tecnológica (una más) en la educación. La informática, el mundo digital, los nuevos formatos, las inteligencias artificiales, el *Kahoot* y un amplio etcétera se alinean con los nativos digitales para dar comienzo a ¿la primera? «edad dorada» de la educación mundial. La innovación educativa te impulsa con el optimismo de un 1 de enero cualquiera en el que, por fin, te apuntarás (e irás) al gimnasio cuatro veces a la semana, estudiarás otro idioma o mantendrás ordenado el cajón de los calcetines. La planificación siempre es impecable hasta que, pasados unos quince días, eres consciente de las dificultades de su implementación real. Del mismo modo, la tecnología funciona con un prodigioso potencial a nivel de expectativas y deja muchas dudas al que se entrega a su implementación real en las aulas.

La popularidad de la innovación educativa proviene de ofrecer una solución fácil a un problema complejo (¡esto se resuelve con gamificación!), desplaza la culpa de una situación endémica –de la que es responsable la sociedad en su conjunto– a la forma de dar clase y, además, a su evaluación en los CV de los profesores, de los que se espera que cumplan algunas horas de formación al año en nuevas tecnologías y estrategias docentes que contribuyan a la ficción de que ya eres mejor profesional. Terminaste un curso de cuatro horas que, si quitamos descansos y cafés varios, se queda en algo menos, y ya eres un profesor de 7,8 cuando ayer solo lo eras de 7,1. Poco a poco.

Pensar que educamos mejor por redirigir el entusiasmo (y las horas de clase) de los estudiantes a, por ejemplo, realizar un *escape room* en el aula, proyectarles un vídeo o estar dos horas en la sala de ordenadores modificando fotografías de gatitos con inteligencia artificial denota tanto candor como desconocimiento e irresponsabilidad sobre la naturaleza de estas actividades y el rol de un profesor. Normalmente se trata de un error acrítico: se delega la responsabilidad de la educación en el instrumento, que debería ser un apoyo para un profesor, nunca un sustituto. En mis años de estudiante me proyectaron la película *Reds* (Warren Beatty, 1981), una aproximación biográfica a la figura del periodista John Reed, sus crónicas sobre la Revolución de Octubre en 1917 en Rusia y su posterior regreso a la Unión Soviética. Tras dos clases dedicadas a la proyección, la aportación del responsable de la asignatura fue «con esto espero que hayáis entendido mejor lo que es el comunismo en estos días». Aquel profesor proyectó una película *por-no*, es decir, *por no* dar clase. Tuve en mis tiempos una buena videoteca de películas *por-no* que sustituían toda actividad docente. Por entonces aquello era «innovación».

Lo mismo sucede ahora con algunos profesores cansados, aquellos que ven más práctico que en vez de preparar bien una clase magistral (que además aburre a los alumnos) es mejor meterlos en el aula de ordenadores y proponerles que demuestren su capacidad de autonomía con algún tipo de ejercicio o de actividad, mientras ellos mismos resuelven las dudas que van surgiendo... si surgen (recordemos su inclinación al silencio). Según las investigaciones de Sugata Mitra, el autoaprendizaje y la colaboración entre iguales mejora cuando alguien se acerca, se fija en lo que están haciendo y simplemente les anima a seguir, vamos, el método de la abuela de toda la vida. Ser abuela no es nuestro trabajo y tampoco es fácil; y encima algunos ni se molestan en serlo.

Así, al amparo de la supuesta inutilidad y agotamiento de la clase magistral, aparecen prácticas tan optimistas como perversas en su origen y en su aplicación, porque los alumnos suelen ser eficaces en lo pragmático (aunque a veces oigas en los pasillos que algunos son tan torpes que ni eso) para localizar su objetivo, y no el fin (cosas muy diferentes). De ahí que la innovación educativa o el uso de la tecnología deba integrarse de forma crítica. Por ejemplo, la gamificación se ha puesto de moda porque quién no querría incentivar a sus estudiantes con el sugestivo poder del juego. El problema es que se ha simplificado la gamificación con «puntuar» acciones deseables durante la clase y darles medallas como si fueran *boy-scouts*. Pensamos que eso es gamificar y les gusta. Pues ni una cosa ni la otra. Ni les gusta porque ya se han cansado de la dinámica *Kahoot* (¡que casi todos los profesores la hacen igual!) ni eso es gamificar, es decir, tener una mirada lúdica y ver los potenciales de juego en ciertas actividades para lograr que la narrativa cosa los contenidos. Hacer algo así es mucho más que jugar a los *boy-scouts* y lleva mucho tiempo, mucha observación y muchos profesores con condiciones especiales. Ni *si no gamificas no eres nadie*, ni *todo es gamificación*. Pero si los alumnos están contentos. Advertencia: cuando aplicamos cualquier innovación debemos percibir si el alumno mejora en su desempeño educativo o sencillamente está aprendiendo a adaptarse a nuestros caprichos innovadores.

Clases innovadoras versus clase magistral

Interacción de calidad, construcción del consenso, compartir la autoridad, aprender juntos, consenso de argumentaciones, estimulación del diálogo, interdependencia positiva, la calidez de la palabra, escuchar al «otro legítimo» y un muy largo etcétera al que difícilmente puedes oponerte. Todo es tan bonito que es una pena que se ensucie cuando estás horas y horas encontrando la forma de que los otros seres humanos de poco más de veinte años entiendan su belleza. Cuando llevas algunos años siendo profesor (quizá un trimestre también vale) y lees o asistes a cursos sobre las estrategias de innovación docente tienes la sensación de que quien imparte la conferencia o escribe el artículo es un Tesla mientras que tú eres un carromato hecho de madera barata tirado por un jamelgo mal alimentado. ¿Todo eso lo puedo implantar en clase y lograr resultados mejores que con la apolillada clase magistral? Parece ser que el aprendizaje «activo» apareció hace apenas unas décadas y se fomenta a través de la enseñanza a demanda *(just in time teaching* o JITT), la instrucción por compañeros *(peer instruction* o PI), el aprendizaje basado en equipos *(team-based learning* o TBL), la gamificación o el aula invertida... ¿Si todas estas estrategias educativas (y muchas más) son aprendizaje «activo», significa que la clase magistral es aprendizaje «pasivo» y, por lo tanto, peor? Dicen que sí. ¿Tiene sentido la innovación docente y el trabajo con el alumno desde otro lugar u otro prisma? Sí. ¿Genera todo lo que dice la literatura científica? No lo sabemos, pero con que genere un 40% de lo que se promete ya te puede hacer sentir como Platón instruyendo a Aristóteles. ¿El profesor tiene que acompañar en estas formas de innovación docente al alumno? Sí, del mismo modo que se guía a un grupo de escolares en un parque de atracciones: hay que estar vigilante para mantener unido al grupo y llevarles de una forma ordenada para que cumplan el horario de atracciones y disfruten de todas. Y también tienes que administrar su energía: indicarles cuándo descansar, cuándo comerse el bocadillo, cuándo hacer la digestión (¡aunque sea un mito!), cómo seleccionar la atracción teniendo en cuenta la longitud de la fila y su deseo por montar en ella... Es decir, cosas muy básicas sobre la libertad y las consecuencias de usarla. Y todo esto lo tienes que llevar preparado, muy preparado.

Estos nuevos aprendizajes a veces fomentan el trabajo colaborativo entre alumnos y, en otras ocasiones, les piden que estudien antes de las clases: así se termina con las antediluvianas clases magistrales. Pero –preguntará alguien– los alumnos y el profesor también se reúnen en el aula, ¿no? Por supuesto que sí. ¿Y el profesor tiene más autoridad que los alumnos? Sí, claro. ¿Y el profesor también tiene la responsabilidad última de crear el clima de la clase? Sí de nuevo. ¿Y también responde preguntas, crea debates y condiciona, aclara y matiza las conclusiones y la construcción de sentido? Otra vez sí… pero está lejos de ser una clase magistral. ¿Seguro?

Y luego está el trabajo colaborativo entre alumnos y la necesidad de que asuman que la «eficacia grupal» no se da sin «unas relaciones positivas en el interior del grupo». Fantástico. Y eso, ¿cómo se lo explicamos? Porque hay que recordar que el alumno vive el trabajo en grupo (perdón, el trabajo colaborativo) de forma natural y, por lo tanto, su interacción con los otros también es natural, es decir, está contaminada por la desconfianza, el miedo, los prejuicios, la vanidad, la incomprensión y varias emociones más, vamos, una jungla. Así que dejémoslos solos y que busquen la «eficacia grupal». Muy bien. Pero antes mira a un alumno y pregúntale: ¿crees que los demás componentes del grupo son tan inteligentes, tan intuitivos, tan talentosos o tan sensibles como tú? Respuestas posibles:

SÍ. Mentira. No existe esa igualdad de todo y en todo que le resulta tan cómoda a tu alumno: enfrentarse al «no» supone muchos problemas.

NO. Somos desiguales: alguien está por encima y otros por debajo. Muy bien. Avancemos un poco más. ¿Quién cree él o ella que está en un lugar o en otro y por qué razones? ¿Qué pesa más? ¿Sensibilidad? ¿Inteligencia? ¿Empatía?, ¿Experiencia? ¿Originalidad? ¿Conocimiento? Si un «inferior» dice una idea en contra de un «superior», ¿qué sucede? Según Aristóteles, la persona se enfada «contra los que obran en contra suya, siendo inferiores». También recuerda que «uno se piensa que debe ser tenido en más por quienes son inferiores en capacidad». Y quién le dice al alumno (y le hace asumir de verdad) que no hay inferiores a pesar de que objetivamente sí los hay. ¿Cómo le hacemos llegar el respeto, la capacidad de escucha, la humildad (nuestra esencia), y que entienda que cada compañero debe aportar lo que tiene, y que a veces ese sumar se convierte en un 7% o en un 3% decisivo, porque desencalla algo, abre una ventana en un lugar cerrado, aporta el punto de vista sobre el que todo puede cambiar? ¿Y si su aportación es un 0 o un –14 a pesar de haberlo intentado? ¿El descubrimiento de la paciencia o la observación del coraje nos hacen estar más por encima o más por debajo?

Y, por si fuera poco, Aristóteles dice que hay mucho más. También nos enfadamos contra «los que se ríen o se burlan de uno» (¿no se pueden hacer bromas en un grupo?), «los que no actúan con justa reciprocidad» (si yo apoyé tu idea ayer, ahora tú tienes que apoyar la mía en plan *te invité a una Coca-Cola el otro día; lo justo es que ahora me invites tú),* «los que hablan mal contra las cosas por las que ellos se interesan especialmente», es decir, los que critican lo que nos gusta (¿en un grupo no se puede discrepar?), los que tienen «falta de interés por nuestras ideas», porque la falta de interés constituye una cierta clase de desprecio (¿y si las ideas son malas tienen que despertar el mismo interés que si son buenas?), o «los que ironizan frente a los que hablan en serio, ya que la ironía es muestra de desdén» (¿quién no tiene la piel fina en algún momento y, sobre todo, con veinte años?). Parece que el que escribió lo de las «relaciones positivas dentro del grupo» nunca leyó al filósofo o nunca estuvo en una junta de vecinos, se fue un fin de semana de acampada con amigos o intentó organizar las vacaciones en un chat del trabajo. No son fáciles esas «relaciones positivas» por nuestra capacidad natural para, entre otras muchas emociones, el enfado.

Y toda esta realidad emocional le llega al profesor siempre de alguna forma, también en el trabajo colaborativo, y si no le llega es porque no fue profesor: no estuvo cerca, involucrado, reactivo, impulsivo, invasor. Otra cosa es que te comportes de forma burocrática y que hagas solo lo que las personas que no son profesores imaginan o esperan que sea tu trabajo: impartir contenidos, corregir prácticas y exámenes y poner notas. En este esquema no dudo que así el trabajo colaborativo nos compense en tiempo y… en nada más, porque mientras los alumnos vagan por el campo de conocimiento como si fueran la Roomba golpeándose con todo, y siguiendo hacia delante o hacia atrás o hacia el lado, porque no tienen una dirección, tú estás frustrado, porque no puedes ayudar, teniendo capacidad para hacerlo, y te ves obligado a confiar en la «eficacia grupal» que no ha funcionado durante los últimos diecisiete años que llevas enseñando, pero, oye, ¿quién sabe?, lo mismo la raza humana corrige pronto ese pequeño problemilla genético de caos emocional por la evolución de las especies. Hay que tener paciencia, ¿no?

Exageras. Hay alumnos que sí tienen madurez emocional. Ed Catmull (cofundador de Pixar) le dijo a Steve Jobs (CEO de Pixar por entonces) que no fuera a las reuniones creativas cuando estaban desarrollando *Toy Story*, porque la gente se sentía intimidada por su figura y tenía miedo a hacer el ridículo y quedar mal... o sea, que los de Pixar no tenían madurez emocional, pero nuestros alumnos sí. ¡Qué suerte tienen los profesores de esos *nuestros!* Todos estamos expuestos a que un tsunami emocional nos lleve por delante en cuanto salimos de casa, incluso antes por un wasap, un tuit o un recuerdo sin necesidad de una nueva interacción humana, que ya con las acumuladas en días anteriores nos sobran para enredarnos. Si lo llamo tsunami es porque no lo controlamos. Y solo con el tiempo, el buen ejemplo de otros, la reflexión profunda sobre nuestras acciones y el traqueteo de la vida aprendemos (algunas veces) a convertir ese tsunami en un acuario que ponemos en el lugar del salón que queda mejor. Reconocer las emociones y darles el uso que nosotros queremos es el trabajo de una vida y pretender que un joven de poco más de veinte años, sometido al vértigo de los otros y a la necesidad de tener un lugar en el mundo, sea capaz de hacerlo sin que tú le des ese tiempo, le empujes a esa reflexión, le señales un buen ejemplo y seas parte de su traqueteo en la vida es no entender qué carajo significa ser profesor.

Ni la innovación, ni la tecnología son tonterías (el título solo era una provocación). Son realidades muy importantes porque afectan seriamente a tu largo viaje dentro de un aula. ¿Te pueden ayudar? Sí. ¿Pueden hacer todo lo contrario si las sobreestimas? También.

Ni Power ni Point: que el contenido no te sustituya

Muchos alumnos tienen un objetivo poco ilustrado en clase: aprobar. Es lógico, la preparación del carné de conducir se enfoca a superar dos exámenes (el teórico y el práctico), y se suele olvidar la parte ética de la buena conducción (o cómo no ser un cretino al volante). Por eso no es raro que podamos encontrarnos a un alumno preparado para subrayar las fotocopias de esa presentación tan precisa y excelente que, tras mucho resumir y resumir, hemos desarrollado para ese día y que habíamos subido al campus virtual para facilitar la labor de aprendizaje. Si el alumno solo necesita subrayar lo importante de esa presentación y/o cotejarlo con los apuntes (o el manual) de la asignatura, que ha recibido de compañeros de cursos anteriores, es un síntoma claro de que el contenido (que no el conocimiento) nos ha sustituido en el aula. Si un alumno aplicado es capaz de obtener el mismo resultado de varios documentos que el que podemos ofrecerle en el aula, es que no estamos *charlando* la clase: estamos dictando. Y para eso ya existen los libros, Google y los profesores de primaria y secundaria (sí, los del infierno de Dante).

La estupidez no es culpa del Power Point

El profesor innovador de hace menos de veinte años era el que usaba Power Point. Frente a los que todavía confiaban en la palabra, el carro de diapositivas o las transparencias de acetato para ilustrar sus discursos, aparecieron los primeros profesores con Power Point para dar sentido al ordenador que comenzaba a aparecer en las aulas. Y como todo lo que es visual se puso de moda, y mucha gente adoptó la filosofía de *si puedo enseñarlo, para qué voy a explicarlo,* comenzó el reinado del Power Point, que pronto tuvo que compartir su espacio con *Prezi, Genially* o *Canva:* los pioneros de la revolución educativa.

Su popularidad en todos los ámbitos llevó a que James N. Mattins (el «general más sobrevalorado del mundo», según Donald Trump, que en esto también estaba equivocado) escribiese una columna en 2010 en *The New York Times.* Su título era «Conocemos al enemigo y es PowerPoint» *(We Have Met the Enemy and He is PowerPoint).* Mattins alertaba sobre el propósito enciclopédico de los Power Points en las reuniones a las que asistía, ya que, en vez de servir como apoyo a una presentación, se habían convertido en una forma de comprimirlo todo. Esa presión del *Power Point Omnibus* la destacó otro general estadounidense, Stanley A. McChrystal, que en una reunión sobre la guerra de Afganistán dijo que «cuando entendamos este Power Point ya habremos ganado la guerra» (imagen de la página siguiente).

La expresión «muerte por Powerpoint» debió de nacer justo ahí y alude al desinterés o aburrimiento producido por presentaciones que nos sobrecargan de información. El pro-

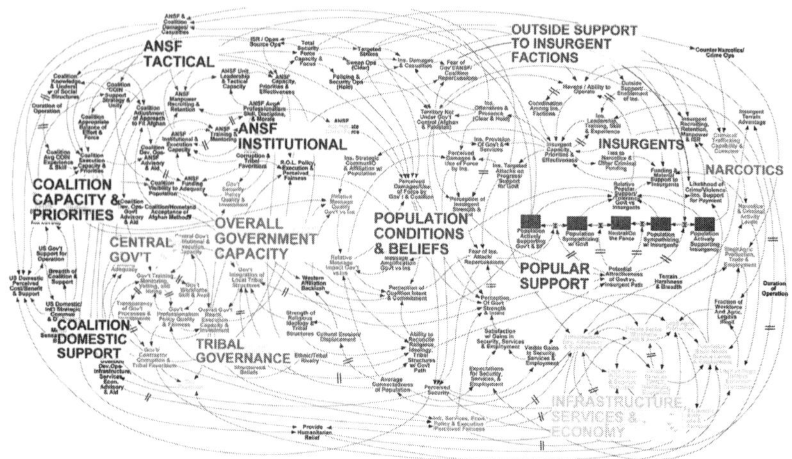

«We Have Met the Enemy and He Is PowerPoint», *The New York Times*, 26/4/2010.

blema, una vez más, viene de forzar el uso de una tecnología que no se entiende. Esa falta de comprensión sobre el uso de una presentación también se da en aquellos que, de forma vehemente, se niegan a usarlo porque «distrae». Hace años, en un congreso, un ponente dijo que no usaría Power Point porque «su estructura lineal le impedía presentar la ramificación del pensamiento contemporáneo». La frase mola y, además, en un entorno en el que todos llevamos presentaciones, te permite ir a la contra, ser un *enfant terrible*. Todo el mundo usa Power Point; yo no.

Y es algo estupendo tener la personalidad suficiente para elevar tu voz y tu estilo frente a lo que hacen los demás. El problema es cuando todo se queda en una pose transgresora. Tan estéril es una presentación de imágenes animadas sin contenido como un docente demasiado perezoso como para hacer un sencillo Power Point que le ayude a destacar sus ideas clave o estructurar su clase. En definitiva, no hay un problema en una elección o en otra, pero tiene que haber un poso y una coherencia en la estrategia que se emplea al usar cualquiera de ellas.

El principio KISS en el Power Point

El principio KISS del diseño es tan popular como frecuentemente olvidado. Todos tenemos capacidad para seguir la idea de «¡hazlo sencillo, estúpido!» *(Keep It Simple, Stupid!)*, pero muchas veces nos enfrentamos a la ausencia de tiempo para hacerlo. Cuando no tenemos tiempo para trabajar la clase lo hacemos todo más largo: nos dedicamos a agrupar el contenido, casi como si fueran ovejas, para que nos dé la sensación de tranquilidad al ver todo el *rebaño* junto y sentir que ahí tenemos hora y media de clase. No hay tiempo para resumirlo ni sintetizarlo. Eso es una mala clase. Y malas clases de este tipo todos hemos dado bastantes, incluso con el suficiente arte como para que los alumnos crean que eran clases fantásticas. Que no te engañe su reacción: solo tú sabes lo que podía ser en potencia y lo que fue en acto por falta de tiempo. La falta de tiempo también distingue al Power Point neutro o que resta del Power Point que suma. Muchos libros presentan principios universales para las buenas presentaciones, aquí se resume todo en cuatro pasos:

1. *Tu diseño debe ayudar a fijar la atención en lo que se proyecta.* Por eso, hazlo sencillo. El Power Point no es un lugar para párrafos, sino que es un anuncio en

una autovía cuando vas a 120 kilómetros por hora. Impacto. Ey, alumno, mira. Fíjate. Esto es importante. Si para hacer algo así tienes que escribir más de una o dos líneas, deja de haber impacto y empieza a haber un problema. Los alumnos siempre preguntan cuántas hojas o palabras requiere el trabajo de la asignatura. Tú también debes ser tan ahorrador con las palabras en cada diapositiva: normalmente más de veinte empieza a ser un suicidio para el tema que trates.

2. *La presentación no te sustituye, te complementa.* Si hay muchos silencios para que los alumnos «copien» el Power Point, algo va fatal. Si no copian, porque les has hecho llegar las imágenes antes o después, pero se lee o se subraya demasiado, también. La presentación es un jugador de equipo. Te necesita para entenderse: no puede ir por libre. Cuanta más información, más libre será.
3. *Que el humor no derrote al contenido.* Nos encanta que los alumnos sonrían (y hay que intentarlo), pero no han ido al Club de la Comedia, recuérdalo.
4. *Ignora todo lo que te han dicho sobre Power Point (incluidos los tres pasos anteriores) si ves que tus clases funcionan tal y como las impartes.* Nadie está en tu clase: solo tus estudiantes y tú. Y ellos delegan en ti (más veces de las deseadas) para que decidas.

Hay investigaciones científicas que plantean si el Power Point significa darle una bicicleta con una ruedita extra al alumno o directamente un triciclo, es decir, si facilitar la presentación de forma previa perjudica al alumno que pierde parte de la tensión al «confiar» en que tiene toda la información en el Power Point (triciclo) o el Power Point simplifica la toma de apuntes o notas sobre la clase (bicicleta con una ruedita extra). El problema de estas investigaciones es que hablan del Power Point como algo abstracto sin tener en cuenta el contenido. Así que antes de compartir un Power Point (o no hacerlo) piensa en qué estás compartiendo. ¿Un bloque de textos que puede hacer pensar que ahí está el resumen de la clase? ¿Un apoyo visual necesario para una asignatura? Se trata de facilitar ciertos procesos a los alumnos (reunir material), no de sustituir otros procesos (la capacidad de recibir información y adaptarla para su uso personal, pensar, equivocarse... crecer, en general).

Por eso, el contenido que compartimos (o no) debe ser coherente con lo que esperamos obtener en clase. El tiempo que tus alumnos invierten en copiar una presentación es un trampantojo de una clase, posiblemente nadie lo discuta, pero sí que nos debemos interrogar sobre qué estamos haciendo. ¿Formar amanuenses? En tu planificación está discernir qué material compartes para usarlo durante la clase y evitar el dictado, qué material proyectas y qué material eres tú durante esa misma clase. Si los alumnos están más preocupados por la presentación que por lo que tú les enseñas, estás dejando que el contenido en forma de presentación te sustituya; serías una rueda de repuesto: ¿de verdad quieres irte a casa sintiendo que eres una rueda de repuesto?

Durante la clase *online*...

Una clase *online* no es una charla TED

Una charla TED dura apenas quince minutos. Tiene una iluminación increíble, un sonido fantástico y un público perfecto que ríe y aplaude cuando tiene que hacerlo a unos oradores apasionados con gran experiencia en sus campos de conocimiento. Una charla TED es una cuidada y sofisticada puesta en escena: es el Circo del Sol del mundo académico. Por eso no es extraño que algunas charlas TED tengan millones de visionados en YouTube. Ahora bien, ¿cuántos visionados tendría una charla TED si durase sesenta o noventa minutos, como una clase? Solo variando el tiempo los millones de interesados se desvanecerían; ojalá que no, pero lo harían. Una charla TED es una promesa de brevedad: un pack de conocimiento que te llenará de «sabiduría» en poco menos del tiempo que inviertes en ducharte. Se ofrece conocimiento y de forma rápida: nada más contradictorio y seductor.

Tener atención sin ser *Star Wars*

Una clase *online* no tiene el tiempo a su favor: cuanto más tiempo dura, más difícil resulta mantener la atención en una pequeña pantalla con un entorno que no tiene la carga visual de *Star Wars.* Por no hablar de que el sonido que llega por el ordenador a veces va y viene, como en un columpio. La iluminación parece hecha por un director de fotografía del expresionismo alemán en busca de efectos tenebrosos. Y no hay que olvidar cuando pasamos de la iluminación y elegimos un fondo de agencia de viajes con playas, bosques, montañas... ni que los alumnos estuvieran en la sala del dentista. Y a todo esto sumemos el plano contrapicado de *soy un profesor en casa y hace cinco minutos estaba fregando como para elegir un plano estoy yo* que transmite grandeza y poder (o ridículo si te pasas con el ángulo). Es mucho más cómodo dejar el ordenador sobre la mesa que ponerlo encima de una pila de libros para buscar un plano frontal que pueda transmitir algo de cercanía. ¿A quién le interesa transmitir eso? ¿Te vistes de cualquier forma para ir a clase? No. Pues tampoco vale cualquier plano para ir a clase. Y, por si fuera poco, el *online* bloquea las reacciones, hace la comunicación más fría. Nadie se ríe, bosteza, se distrae... ¡Ni siquiera les oyes hablar entre ellos para reventarte la clase! Solo tienes una pantalla delante con fotografías: alumnos al óleo sobre lienzo digital. Se limitan las señales para entender el efecto de tu clase.

En resumen, la clase *online* no tiene un clima que acompañe la atención del alumno ni tampoco que guíe las sensaciones del profesor. Cuando terminamos la clase parece que somos nosotros los que salimos de un examen y si nos preguntasen cómo nos había ido responderíamos muy convencidos: «No lo sé».

Sí, dar una clase en el vacío aumenta la inseguridad.

La clase *online* o el síndrome del galgo

Es absurdo pensar las clases *online* como unas clases que se graban, igualando así toda experiencia docente, cuando el contexto en el que se produce, la forma comunicativa, la disposición emocional de profesor y alumnos y las herramientas son tan diferentes.

Ante una clase *online,* el profesor se siente más tenso, más solo. Siempre acostumbrado a medir el desarrollo de su trabajo a través de las reacciones de los alumnos, ahora puede estar intimidado por la cámara, fastidiado por la rigidez (no puede *pasear* la clase y moverse de un lado a otro) o descolocado por la falta de *feedback* visual (no ve reacciones de sus alumnos que le ayuden a pausar, acelerar, repetir o... terminar rápido porque no es el mejor de sus días). Tienes menos elementos que te generen dirección y te digan dónde está la clase en ese momento; te faltan referencias. Eres como un galgo que sueltan en el campo: corres, corres y corres... pero no sabes a dónde.

Ante una clase *online,* el alumno se siente más relajado. Nadie le vigila frente al festival de distracciones que tiene a su disposición, y encima está fuera de un contexto espacial que le invite a la escucha. Pero curiosamente tiene algo en común con el profesor: también se siente solo. Esta doble soledad dificulta la conexión que hace posible un proceso de comunicación necesario para que se desarrolle el aprendizaje.

La clase *online* tiene que partir del conocimiento de estos contextos emocionales para buscar recursos que logren la conexión entre profesor y alumno.

Nuevas reglas del juego

Dar una clase es complejo, dar una clase *online* suma nuevos elementos que amplían o, al menos, hacen diferente la complejidad. Lo primero y fundamental es entender que en la *online* no estamos frente a personas… estamos frente a una cámara. Solo eso ya lo cambia todo.

Imaginemos una película con un único plano que nunca variase. Bueno, no hace falta imaginarla: solo hay que buscar *Empire* (Andy Warhol, 1964) y desafiarse a cuántos minutos (¡¡de las ocho horas que dura!!) podemos soportar mirando un edificio. Es el aburrimiento infinito. Un profesor hablando con un tono monocorde durante apenas cinco minutos *online* es *Empire*. No lo olvides.

Nuestros profesores: los youtubers

En las charlas TED, los conferenciantes han vivido profundamente de lo que hablan, aman lo que dicen y, lo más importante, ese amor se expresa, se ve, se siente. Hay pasión. La pasión es como el aire en las ruedas de la clase: lo necesitamos para que avance, incluso si la clase es a las ocho o a las nueve de la mañana, sobre todo si es a esa hora. ¿Y dónde encontramos formas de comunicar pasión con una cámara delante? La respuesta es una pequeña herida a nuestro ego de académicos: los *youtubers.* Hay que imitar a los buenos *youtubers* exitosos (aunque muchos de ellos ya reniegan de YouTube por considerarla una plataforma tan vieja, *boomer* en su argot, como la Academia de Platón, aunque el término ya está pasado de moda porque la mayoría ya no está en YouTube), con tanto respeto y humildad (algunos de ellos comunican y comunicarán mucho mejor que nosotros) como prudencia (ni tienes su libertad para hacer lo que te dé la gana, ni debes permitir que te derrote el personaje que solo busca agradar o entretener). Las guías dirigidas a *youtubers* (sí, esas que prometen un éxito rápido y fácil que nunca llega) ofrecen algunas posibilidades que se pueden adaptar a las clases:

1. *Encuentra tu temática y estilo*. Lo primero puede ser más sencillo. Si tu asignatura aborda la obra de Virginia Woolf, deberías limitar tu entusiasmo por Jane Austen. Sin embargo, descubrir tu estilo es más desafiante y pasa, en parte, por reconocer tu propia personalidad y aprovecharla o contenerla en función del momento. Ten en cuenta que el *online* es diferente: el espacio desaparece y tú eres ese espacio. Tienes que ocupar más, tienes que forzar algo más quién decides ser, y también te puedes permitir *salir* y *entrar* de la clase con más facilidad, es decir, hacer un tiempo de café en medio de tu sesión: eso es *salir*. Que por momentos el tono no parezca el de una clase, que te dé una intimidad distinta que pueda construir también una confianza distinta.
2. *Dirígete a tu audiencia*. ¡Completamente de acuerdo! Leer libros en voz alta o recitar monólogos puedes hacerlo en tu casa. En una clase *online* estás más lejos, por eso te tienen que sentir más cerca. No lo saben, pero son náufragos que buscan una tierra donde estar

seguros y tú eres esa tierra si te sienten con ellos. ¿Cómo haces? Destruyendo la sensación de que están en una conferencia. Por ejemplo, ¡pídeles que hagan algo físico! Que se levanten y busquen un libro de un autor ruso, o un plátano o que le hagan una foto a lo que ven desde su ventana y lo compartan con el grupo (por supuesto, piensa qué vas a construir con lo que les pides). Puede que sea más o menos anecdótico, pero quieres hacerles sentir que participan en la construcción de la clase. Alguna guía propone «bautizar a tu comunidad» en ese proceso. No me veo dirigiéndome a mis estudiantes como mis *believers*, pero tal vez tú encuentres una forma interesante para hacerlo.

3. *Busca apoyo en las redes sociales*. Bueno, no te lo tomes al pie de la letra, porque una red social de clase puede ser un agujero negro de tu tiempo y entusiasmo: no hace falta tanta heroicidad. Pero sí puedes apoyarte en las herramientas de las que dispones. ¿Y si les escribes un correo cada dos semanas (ojo, uno breve, no es el momento de escribir cinco mil palabras)? Alguno te etiquetará como *spam* al segundo, pero otros verán que les acompañas fuera del aula, y sentirán que reciben un billete para ese viaje que es la clase. No funcionará con todos, pero merece la pena hacerlo para aquellos con los que sí funcione. Tal vez no quieras escribir un correo, pero busca ese apoyo, planificando, pensando y arriesgando… No delegues la experiencia al intervalo de lo que sucede en la clase.

4. *Colabora con otros* youtubers. Piensa que los alumnos te ven y te escuchan demasiado. ¿Por qué no cambiar la cara que ven? No, no se trata de ponerte una careta, se trata de proponerles otras voces diferentes a la tuya. Y para eso no tienes por qué buscar muy lejos, a lo mejor puedes aliarte con un compañero para que aparezca en una sesión por la que sienta entusiasmo o sugerírselo a alguna persona fuera de la universidad a la que le apetezca hablar con los alumnos. No siempre acertarás y a veces invitarás a alguien que no conecta (o que les aburre a ellos y a ti), pero debes intentarlo.
5. *Monitoriza tus contenidos.* Calma. No les vamos a poner un medidor de frecuencia cardíaca a los alumnos para ver cuándo estuvieron más atentos o apasionados con tus palabras, pero obsérvalos en aquello que no te pueden engañar: su predisposición a escucharte, a distraerse, su lenguaje no verbal (si la cámara está encendida) sintiéndose ocultos entre la multitud... Separa lo anecdótico de lo habitual y escúchalos en todas las formas en las que ellos te digan cosas durante tu clase *online.*

Recuerda que los creadores de contenido más populares ya no están, dejaron YouTube para irse a, si no a Twitch, al menos a la vanguardista Kick, porque tienen esa capacidad de adaptación para cambiar y superar a la tecnología que les dio su nombre y cambiar herramientas, contenidos o migrar a otras plataformas. Esa gente sabe que vive de la atención: si no logran atención al otro lado de la cámara, no llenan la nevera. Pocas cosas más estimulantes para encontrar el camino comunicativo adecuado.

Si tienes limones, haz limonada (I): la cámara

Los *youtubers* son los profesionales más conscientes de que al otro lado de la cámara hay personas que están paseando por un mercado simbólico y que pueden entrar a comprar en tu carnicería o en la que hay diez metros más adelante: tienes que ofrecer algo que no tenga el otro. Tienen que competir por la atención. ¿Cómo lo hacen? Con lo que tienen: su capacidad expresiva, el entorno y la variedad de planos que te ofrece la cámara. No hace falta ser Tarantino para saber que los planos cortos aumentan exponencialmente la capacidad expresiva del profesor. Normalmente, los alumnos te ven en plano general cuando no en vista general, es decir, muy lejos. En la clase normal, los alumnos ven un partido de fútbol desde la butaca más barata, en el cuarto anfiteatro. En la *online* están sentados al lado del presidente del club en el mejor sitio: ven a los jugadores, oyen sus reacciones, huelen el césped... Paradójicamente, si sumamos las sensaciones que podemos generar en cada uno de los alumnos, la clase *online* ofrece más intimidad. Con la pantalla puedes llegar mejor si dejas a un lado el miedo a no quedar bien en la imagen: quedarás bien si construyes atención y sentido. Punto. En una *online* partes de un plano medio, pero no te debes quedar ahí como si fueras un señor mayor sentado en el parque. ¡Muévete! Pasa al primer plano acercándote a la cámara, juega incluso con el plano detalle acercándote mucho más para mostrar sorpresa o desesperación o ¿por qué no desaparecer y hablar desde fuera de campo? Y también tienes manos (hasta los muñecos de los ventrílocuos tienen manos): úsalas. Tienen que estar vivas, ayudarte a expresar y a gritar que estás ahí, que no eres el busto parlante y hierático de un telediario. Eres un perro pequeño que no se cansa de ladrar hasta que logra atención. Las variaciones en el plano y, lo más importante, la vida que le puedas dar al plano hacen fluir el discurso: el *cómo* se cuenta al servicio del *qué* se cuenta... en su justa medida. Godard se quejaba de los movimientos de cámara de muchos jóvenes directores: le recordaban a las malas óperas donde los efectos no se subordinaban a la historia, sino que aparecían para distraer de la historia, porque era muy mala (esto también lo hacen mucho los *youtubers:* tampoco hay que copiarles todo).

El profesor tiene que entender que la libertad dentro del plano es infinita, que no es un maniquí, que tiene manos, que tiene tronco, que tiene gestualidad. Entender que tienes capacidad de creación dentro del plano lleva a usarla y eso riega de dinamismo la imagen. El profesor deja de ser un bodegón y pasa a ser un videojuego (vale, no tanto, pero sí logra ser menos monótono y mejorar el ritmo interno de la clase).

Si tienes limones, haz limonada (II): tu casa

¿Qué hacen también los *youtubers?* Dan peso a su entorno. ¿Cómo? Usan objetos que tienen a mano, se sienten definidos por el marco que han elegido. Los profesores estamos acostumbrados a trabajar en entornos asépticos, casi como los cirujanos que van a operar. Por eso estamos acostumbrados a que el entorno sea invisible, lo cual es un error porque *online* también puedes construir sentido con lo que tienes alrededor y de forma mucho más contundente que con la palabra. Si estás en tu casa, hay elementos u objetos que puedes usar para hacer más viva la clase. Caso real: tú puedes preguntar qué plano y qué elementos dramáticos usarías para mostrar a un asesino sanguinario que quiere matar a alguien con un cuchillo o puedes decir: «Esperad un momento». Y marcharte a la cocina en tiempo real, que se escuchen ruidos de que algo tramas (suspense), volver y tener en la mano el *cuidado con ese cuchillo que corta mucho* que todos tenemos. Entonces los alumnos ven en la pantalla a su profesor armado con un cuchillo, algo que no olvidarán nunca y que sirve de *post-it* visual para definir algo que el profesor considera importante; algo así jamás podrían verlo en clase. Y si lo vieran te denunciarían a la policía, lógicamente. Misma acción, mundos comunicativos diferentes. No hay que poner en pantalla un cuchillo jamonero para conseguir atención, pero si te abres a entender que tienes un mundo nuevo esperándote para ser usado puedes sorprender a los alumnos y a ti mismo (quizá no por ese orden). En casa tenemos un montón de objetos que tienen significados e historias en las que jamás habíamos reparado. Pero están ahí. Esperándonos. Y pueden colarse en la clase por cómo están hechos, por el lugar en donde los compramos o por su valor simbólico. Si estás hablando de diferentes personajes políticos, históricos o científicos, ¿por qué no coger un juguete de tu hija o una figura de tu colección de anime y representar simbólicamente un personaje con ese juguete o figura? ¿Qué te dice ese objeto de la persona real? ¿Cuánto de exacta o inexacta es la representación? Pregunta. Desafía. Juega. En clase hacer algo así sería ridículo. ¿Cómo vas a traer de casa algo así para construir tu discurso? Cierto. Es artificial. Pero en la clase *online* es natural. Un profesor empleaba una figura de Spiderman de cincuenta centímetros durante su clase *online* de anatomía, mientras explicaba qué músculos usa Spiderman para balancearse por la ciudad de Nueva York. Estás en tu casa y ese objeto es también parte de ella. Tiene sentido que lo uses. Ofreces intimidad en un margen nuevo y aceptado por todos. Y conectas. Y no olvidan. ¿Qué más quieres? En la pantalla, la clase magistral puede ser más audaz: no te lo niegues.

Si tienes limones, haz limonada (III): la participación

Las preguntas en la clase *online* son más importantes que la leche en el arroz con leche: si no hay preguntas, no hay clase. Si no hay preguntas, somos un triste audiolibro. ¿Por qué? Si a ti te cuesta *entrar* en la clase *online*, porque diez minutos antes de empezar estabas pasando la aspiradora o en el supermercado de abajo comprando espaguetis, ¿cómo no le va a resultar difícil al alumno *entrar* en clase? Incluso puede que termine la clase y ni tú ni el alumno hayáis *entrado* en ningún momento. Tú sueltas tu perorata, te aceleras ante la falta de estímulos, te olvidas que tienes que trabajar con ellos para sacar la clase adelante y terminas. Ellos se hacen a la idea de que están viendo un mal documental en Netflix y fin. Necesitamos que nos pregunten: nos encontramos todos en las preguntas.

¿En la clase *online* se pregunta más o se pregunta menos que en la presencial? Esta pregunta entre profesores empieza a ser como responder si te gusta más la tortilla de patatas con cebolla o sin cebolla. Como siempre, depende de tu estructura de clase y de si invitas a esas preguntas. Una clase *online* provee de un aislamiento que, si bien es negativo para encontrar sensaciones sobre su desarrollo, sí que favorece cierta pausa e intimidad para preguntar mejor, con más profundidad y detalle. Y una pregunta no viene sola: quizá otro se anima, y alguien comenta esa pregunta de una forma que jamás haría en clase. Está en su casa, protegido. ¿Qué pierde? Puede soltarse. Usar otro lenguaje y extenderse más o menos. Incluso puede equivocarse sin que le miren mal los demás y esa fuerza que solo da la impunidad, con suerte, le puede mover a participar y de pronto surge una conversación, un paréntesis que es tan importante para crear la clase como el resto de la clase. Estos paréntesis surgen fácilmente si hay un buen clima *online;* y son poco menos que encontrar el Santo Grial en la clase presencial. Esas preguntas y sus paréntesis nos dicen qué está sucediendo en la clase. Hasta entonces estábamos a oscuras, sin llegar mínimamente a qué sensaciones está produciendo nuestro trabajo.

Mucho Moodle, mucho Teams y mucho Zoom, pero la auténtica formación digital no está solo en dominar las herramientas, sino en dominar las sensaciones del alumno que está detrás de la pantalla. Y eso solo puedes conseguirlo si todos trabajáis en equipo, es decir, si logras convencerles de que sois un equipo y de que actuéis como tal. Aquí tienes algunas ideas:

- *¿Cámaras encendidas?* Si en la clase presencial la asistencia ya se confunde con acceso al conocimiento, *online* es una situación mucho más peligrosa porque el asistente confía demasiado en su capacidad para el *multitasking* (hacer varias cosas a la vez). ¿Por qué no voy a seguir la clase mientras contesto correos, consulto las redes sociales, limpió la casa o preparo el trabajo de otra asignatura? Sin embargo, la cámara les hace sentirse observados (aunque nadie les esté mirando), pero hay que negociar, por ellos y por ti. ¿Les obligas a que la enciendan? Si lo haces así, empiezas la clase quitando una libertad: no les dejas decidir. Quizá no les guste. Quizá no importa que no les guste. Es fácil imponer normas, lo difícil es entender si sirven o no. ¿Les dejas libertad para que enciendan la cámara? Pocos lo harán. Dales las gracias casi de rodillas a esos pocos y explica lo mucho que significa para ti: a veces un leve chantaje emocional también puede servir si no para ganar adeptos, sí para no perder los que tienes.
- *Ayudarles a estar presentes.* Sí, tienes un temario que cumplir, pero también con alumnos que se enfrentan a un mayor número de distracciones porque están en su casa, en un parque, etc. La única manera que tienes de ayudarles a enfrentarse a esas competencias en términos de atención es darles algo que pensar, hacer o comentar contigo. Ayúdales a estar presentes para que no acaben vencidos por su entorno. No les pierdas por querer explicar demasiado. Pregunta,

busca polémicas, abre diálogo. Cuando lo hagas, al principio al menos, se inicia una pelea contra el silencio. Preguntas y nadie dice nada. Aguanta. Sé paciente. Espera sin abroncar, sin quejarte. Insiste en tu paciencia un día y otro y los que vienen después. Tienes que crear un nuevo modelo de clase en sus cabezas y eso lleva algo de tiempo, pero repitiendo pausas para preguntar o hablar entienden que la clase es así y siempre encuentras un premio similar, a veces incluso mayor al que esperabas.

- *Crear estrategias de* engagement. En un escenario desafiante tendrás que buscar que los alumnos orbiten en torno a tu propuesta de clase. Tenerlos cerca. Contigo. Y eso se logra en parte si el alumno siente que tiene que hacer algo para obtener otro *algo* durante la clase. Una situación complicada porque a veces no trabajamos a ese *corto* plazo. Pero también es posible desarrollar estrategias que tal vez sean efectistas, pero que generan esa sensación de implicación y de cambio. Ganas confianza durante un año si un alumno se dice a sí mismo *hoy he aprendido.* ¿Cómo? Probando sus conocimientos con una búsqueda del «tesoro»: pasas apuntes falsos y les desafías a que averigüen dónde está el error (y se lo dices antes del examen si no quieres poner tu vida en peligro). O usando juegos como el Pictionary (¿eres capaz de explicar con dibujos y sin palabras la prima de riesgo, el materialismo simbólico o la rotación terrestre?) o el ¿Quién es quién?, sustituyendo gafas, sombreros o color del pelo por conceptos de tu asignatura. Incluso puede servir un programa de identidades ocultas en el que un alumno sea el «traidor» al que hay que identificar *(Los hombres lobos de Castonegro, El saboteador* o *Among Us!)* permite poner en práctica conocimientos de argumentación, retórica o expresión oral. Ten presente que una emoción bien dirigida –aunque sea engañar o sentirse engañado– puede hacer que se sientan incluidos y eso lo es todo en el mundo digital (y en el otro también).

¿Hay algún programa que te facilite todo lo anterior? No. Protesta a Microsoft o a Apple, pero mientras ten en cuenta que tú mismo le tienes que dar a la imagen la vida que le quita la tecnología. Prueba. Intenta. Arriesga. Falla. Sé profesor.

Si tienes limones, haz limonada (IV): el Power Point más peligroso

La educación *online* es el futuro, dicen. Entonces el futuro consiste en que los alumnos se sientan más desamparados, más perdidos, más náufragos, por lo tanto, cualquier objeto que llegue a su *orilla* para ayudarles lo celebran y se aferran a él: por eso el Power Point es más peligroso aquí. Cualquiera que haya tenido una experiencia *online* sabe que el alumno deposita muchas más esperanzas en la presentación que en una clase convencional, porque si es el profesor no está… ¿Cómo que no está? Sí está, pero en la pantalla. No es lo mismo. Justo. Ese *no es lo mismo* crea distancia y soledad.

Y desde esa realidad emocional tanto profesor como alumno pueden estar tentados a fortalecer (incluso sostener) su relación a través de *palabras seguras*. ¿Cuáles? Las que aparecen en el Power Point. Ahí estará lo REALMENTE importante, ya sea para un examen, un trabajo o la vida. Si mantenemos el Power Point mucho tiempo en pantalla, el alumno ya no escucha, y el profesor tampoco se esfuerza por ser escuchado. Si ya es difícil hacerte visible compitiendo con todo lo que rodea al alumno en su casa y en su umbral de atención, imagínate si directamente desapareces para dejarle sitio al otro profesor que viene directamente del futuro como *Terminator*.

El Power Point puede serte muy útil para crear ritmo y luchar contra la monotonía *online*, pero vigila mucho cuánto tiempo lo mantienes en pantalla. Hazte a la idea de que es como la familia que viene de visita: la quieres mucho, pero también deseas que no se quede demasiado tiempo. No dejes que el Power Point te robe la atención: es tu clase… al menos hasta que llegue el futuro.

Después de la clase...

> Cumplí el cuarto año de permanencia en esta isla [...] y en virtud de un estudio constante alcancé una comprensión distinta de la que tenía hasta entonces, y una concepción diferente de las cosas.
>
> *Robinson Crusoe,* Daniel Defoe, 1719

Los alumnos son clientes, pero no lo saben

Un día dije en un consejo de departamento que los alumnos eran clientes: King-Kong sobre el Empire State recibió menos ataques que yo. No pude desarrollar el argumento ni dos segundos y la indignación se extendió vivamente entre algunos colegas que hablaban con la sensación de que alguien les acababa de robar el móvil o quizá algo más importante: el poder. No vi yo que estuviera el foro muy abierto a esta idea. La retiré. Y los murmullos continuaron aún más animados por la excitación de la victoria. ¡Cómo se podía poner en duda el despotismo ilustrado que tanta seguridad (y pachorra) da a nuestra profesión! ¡Lo que nos faltaba! ¡Clientes! ¿A dónde vamos a llegar? A un sitio mejor, probablemente. No se trata de convertir a los alumnos en reyes, como cualquier marca dice que hace con sus clientes, pero sí en preocuparnos por su satisfacción, que a veces nos resulta invisible o intrascendente. Ellos están muy lejos de sentirse clientes. Más bien se sienten atrapados por una angustia que no debería existir (o ser menor), porque ya no se preocupan por la asignatura en sí, sino por quién será el profesor o la profesora que la imparta. Y no les podemos culpar por ello. ¿Qué pasa si los alumnos tienen un mal profesor en términos objetivos? Pues que sienten que es como entrar en una frutería, pedir una manzana, recibir una manzana podrida –cuando saben y ven que hay otras que no lo están–, que las otras setenta personas que hay en la tienda corroboran también que está podrida, que aún así la tienen que pagar, y llevársela, y sonreír y no decir nada. Ni siquiera en las privadas dicen mucho: ninguna persona de cerca de veinte años quiere estar todo el día pegándose contra el sistema. Eso requiere mucha atención y mucho desgaste, y con esa edad no están en su pico ni de atención ni de tolerancia al desgaste.

Así que está bien que tú, al menos tú, les sientas un poco como clientes. Eso quiere decir que compensa estar atento a cómo reaccionan después de una clase, nada más: qué les gusta, qué les molesta, con qué conectan. Los hermanos Marx hacían giras teatrales y probaban situaciones y gags; y así iban conformando sus mejores números, los que los «clientes» y ellos pensaban que funcionaban mejor. No hace falta preguntarles, hace falta observar y sentir qué quieren. Y dárselo… en la medida en que puedas y tenga sentido dárselo dentro de un esquema de madurez. Un cliente (y un alumno) siempre busca su comodidad, y nosotros buscamos que aprendan, lo cual exige cierta incomodidad: aprender no es pasear por la playa en verano, pero tampoco visitar el infierno de Dante. Seguro que podemos encontrar algo intermedio si los escuchamos.

¿Qué hago mal?

Las críticas llegan y nunca gustan. No me he encontrado nunca con un profesor que me diga: «Estoy feliz. Hoy me encontré con un alumno que me dice que mis clases son peores que un verano en Mordor. Y me hizo también varios comentarios muy concretos y muy hirientes que me van a ayudar por fin a ser mejor profesor. ¡Que día más increíble!». Nunca escuché algo así, ni creo que lo escuche. Primero, porque es muy extraño que una crítica llegue de una forma directa y rotunda: ¿quién le diría a Sauron a la cara que es demasiado intenso, que tampoco hace falta que se tome tan a pecho ser el Señor de los Nazgûl? Es verdad que no todos somos Sauron (aunque algunos no se cansan de sumar méritos), pero sí que tenemos poder. Y todos aprendemos desde pequeños que desafiar directamente al poder no da muchas alegrías a corto plazo; más bien lo contrario. Por eso las críticas llegan de forma indirecta. Se filtran en tu vida como el agua a través de la arena: las encuestas de satisfacción, otros colegas que te dicen qué dicen, un alumno que conoció a otro que decía..., el tipo que te contrató para una charla y recibió *feedback*, un graduado que ahora sí te comenta que quizá hubiera estado mejor que..., tu despido de una privada porque los alumnos (o la dirección) creen que tu método es demasiado antiguo, moderno, rígido, *cool*... Incluso puedes animarte a pasar una encuesta anónima para que te cuenten «puntos de mejora» de las clases, es decir, recibir al toro a portagayola, solo y delante de la puerta de los toriles.

Sea como sea, las críticas no nos gustan. No lo digo yo, lo dice Tarkovski: «Cuando hablamos de cosas que son importantes para nosotros, y alguien emite juicios negativos sobre ellas, tendemos a protegernos contra la incomprensión». ¡No entienden nada! ¡Qué sabrán ellos! Te juzgan por un día, por un comentario, por una cita. ¿Y los otros cientos de días, comentarios y citas? ¿No podría alguien hacer una media para que el resultado fuera más justo? Tu huella en los alumnos no viene de una media, viene de momentos decisivos. Y esos momentos hablan de ti de modo tangencial o misterioso, pero hablan si los quieres escuchar. Recibirás críticas, y ya te aviso de que no serán constructivas: las críticas siempre buscan destruir algo que haces. Algo que no gusta o no aceptan o no comprenden (o las tres cosas a la vez). ¿Qué haces entonces con esas críticas? Escucharlas, especialmente si vienen en estéreo, es decir, si dos personas no conectadas entre sí coinciden en lo mismo. De igual forma que cuando le damos a un alumno una práctica corregida debe entender que él no es esa nota (él no es un suspenso o un sobresaliente), nosotros también tenemos que hacer ese ejercicio de distanciamiento (y de sentido común) y asimilar que podemos equivocarnos, a veces durante mucho tiempo y de forma asombrosamente regular, y que somos más que la opinión que tengan de nuestra clase. Es bueno intentar entender qué haces mal, porque solo con el proceso de abrirte a comprenderlo y ponerte en su lugar estarás siendo mejor profesor... incluso quizá cambies.

¿Seguro que hago algo mal?

Los cambios deben tener un tiempo de reposo, como los buenos arroces. Cambiar está bien, pero solo si sabes *para qué.* ¿Tiene sentido? ¿Los cambios te pueden llevar a ser un profesor diferente al que llevas dentro? ¿O son solo cosméticos? ¿O tú quieres transformarlos en cosméticos y así decirte que cambias, pero al final no lo haces? Como los profesores estamos muy expuestos, tenemos gran capacidad para manipularnos a nosotros mismos. No imagino a ningún profesor que entre en su clase pensando «soy un profesor malísimo»: si lo pensara, no podría articular ni una palabra. Por lo tanto, no es fácil hacernos pensar que hay algo que hacemos mal... y todos tenemos una infinita capacidad para hacer algo mal. Por eso está muy bien que después de una clase (o de muchas) llegue la tentación del cambio.

¿Eres un profesor duna o pirámide?

No es fácil cambiar, principalmente porque nadie nos obliga a ello. Así que todo cambio debe nacer de un impulso interior y eso implica un coraje, una energía y un espíritu crítico que todos tenemos y que todos ignoramos dependiendo de elementos menos importantes de lo que somos capaces de reconocernos. Queremos hacer bien nuestro trabajo, pero quizá no al precio de cuestionar nuestra burbuja de sabio –la condición real de sabio es más difícil de lograr que la etiqueta de sabio–: ¿a quién no le gusta hacer su trabajo casi como desee dentro del amplio margen que da cumplir con los horarios y las normas y no incumplir el código penal? Somos el Principito de Saint-Exupéry: tenemos un planeta con nuestras propias reglas y preocupaciones que visita gente de cuando en cuando, pero que no están el suficiente tiempo como para hacernos dudar de que no tenemos razón. Sin embargo, después de las clases, recibes señales que te pueden animar a cambiar por responsabilidad (lo que antes estaba bien ahora ya no funciona) o por aburrimiento. Los alumnos son nuevos todos los años, pero tú eres el mismo y quizá después de escuchar la misma clase las treinta primeras veces empiezas a dudar de ella… y de ti. Estos cambios son buenos porque implantan el hábito (disposición estable para hacer algo) del cambio. Y eso te facilita la capacidad de hacer cambios en el futuro si consideras que debes hacerlos.

En tu relación con la forma de la clase, lo que respetas o desechas de un año a otro, puedes ser un profesor duna, que se mueva constantemente ante cada nuevo estímulo, o un profesor pirámide, que siempre esté en el mismo lugar y no quiera cambiar. No hay que elegir entre ser duna o pirámide. Es bastante sano ser los dos dependiendo del momento o del elemento que cambiar. Una clase se puede ver como la Sagrada Familia: una obra inacabada y siempre con un plan de ampliación pendiente. Pero tampoco hay que caer constantemente en la ansiedad de lo nuevo, porque cambiar una clase completamente de un año para otro significa renunciar a tu intuición cuando la creaste. Había un motivo, había una estructura, había una búsqueda de efectos. ¿De verdad te equivocaste en todo o estás jugando a cambiar por cambiar?

Lo viejo, lo ya probado, lo reafirmado también construye tu intuición: no renuncies a ella.

Cambios sensacionalistas

Hay gente que quiere ir a los Alpes suizos de vacaciones; otros, a una playa de las Maldivas: *de gustibus non est disputandum*, es decir, los gustos no se deben cuestionar o juzgar. Si a los alumnos no les gusta determinado perfil de profesores por X razones que pueden variar según la facultad, el lugar o si son de primer año o de último, tú tienes que respetarlo. Y entender que ciertas críticas pueden deberse a no estar bien clasificado en los gustos canónicos. Puede suceder. Los alumnos a veces son como los niños que van al zoo y pasan mucho tiempo mirando a los chimpancés, pero las cebras les aburren. Nada que objetar. Hoy puedes ser un chimpancé y mañana una cebra. Puedes transigir con pequeños cambios como la flexibilidad en las horas de tutorías, la rapidez con la que contestas el *email,* hacer un foro (¿qué clase de profesor no tiene un foro para que participen los alumnos y puedan decir lo primero que se les venga a la cabeza en un lugar algo más elevado que la cafetería de la facultad?), facilitar el examen con esquemas o adelantar preguntas tácitamente... Eso hará que el alumnado aprecie tu trabajo. O más bien que lo valore por cuidarle con elementos algo laterales, circunstanciales, ¿sensacionalistas? Puede ser. El profesor también se puede *vender* por un poco de reconocimiento... hasta cierto límite. No creo que por caer bien o por ser tan cómodo como una almohada debas realizar cambios masivos. Si quieres puedes adaptarte un poco a la corriente populista, pero sin que eso signifique que no te reconozcas cuando te veas en clase. Ser un farsante por mucho tiempo no suele compensar en ninguna faceta de la vida: aquí tampoco.

Cambios desastrosos

Los cambios también pueden salir mal; hay que contar con ello. A veces tienen algo de experimento. Si pruebas y ves que el resultado es indiferente, o peor a lo que había antes, entonces estás de vuelta en la casilla 0… o no tanto: perdiste tiempo, pero también exploraste un camino del laberinto para dar una clase lo más redonda posible. Ya te quedan menos caminos y ningún laberinto es infinito: fallando encontrarás la mejor clase. Y al moverte también saliste de tu zona de confort: construiste el hábito de cambiar y eso no es poco. Pero cuando hablo de cambios desastrosos no me refiero a los que percibimos que salen mal, sino a los que creemos que salen bien y no nos damos cuenta de que salen mal en conjunto. Una clase es una obra orgánica, es decir, todos los elementos están relacionados entre sí. Si a una novela le añades el capítulo 7, el más brillante e intenso de todos, pero al hacerlo provocas que todos los capítulos que vienen después (y quizá algunos de los de antes) pierdan su sentido, ¿qué deberías hacer con ese capítulo 7? En una clase los cambios también pueden ser buenos en sí, pero perjudiciales para el todo. Por eso tienes que observar su eco y definir bien su relación con las partes estructurales como el tono (cómo transmites la materia), la densidad (la cantidad de materia), el ritmo (cómo distribuir esa materia en el tiempo que tienes) y el sentido (qué deben aprender con esa clase).

Cambios estructurales

Fusionar, quitar o poner contenidos, ¿cuándo lo haces? Cuando crees que debes hacerlo. A través de las variaciones que hagas en la materia puedes mejorar (o empeorar) también algunos de los elementos estructurales (tono, densidad, ritmo o sentido). Stephen King cuenta que cuando revisa un manuscrito siempre elimina un 10% de las palabras: lo hace vigilando lo que pueda sentir el lector y sin considerar lo que le haya costado o lo enamorado que esté de ese 10%. Es difícil que un profesor haga algo similar con una clase. Estamos obsesionados con convertir nuestras clases en una pasarela de conceptos, nombres o fechas para que nadie (sobre todo nosotros mismos) pueda acusarnos de dar una mala clase, identificando la cantidad de contenido con la calidad de la clase. Creo que el consejo de King es muy bueno para la revisión de las clases: muchas veces no hacen falta tantos conceptos y sí elegirlos y trabajarlos mejor para transmitir un sentido. Si das toda la materia que planificas (habitualmente de forma ambiciosa) y sientes (porque ya tienes experiencia para sentir la clase al mismo tiempo que la das) que el umbral de aburrimiento o asimilación de tus alumnos queda por detrás de tu ambición... ¿Qué haces? ¿Sigues? ¿Puedes considerar que es una buena clase si sigues? Es que los alumnos no vienen bien preparados. Estupendo. ¿Te has dado cuenta de algo tan decisivo y no te adaptas a ello? Los ingenieros no llegan a casa enfurruñados porque se toparon con una montaña mientras hacían una carretera: «Maldita montaña. ¿Quién la pondría ahí?». Si no hubiera montañas, tampoco habría trabajo para los ingenieros. Eso mismo que nos molesta es nuestra razón de ser. Los alumnos puede que no estén preparados, pero tú tienes menos excusa para no estarlo: los cambios estructurales después de dar una clase no tienen que ver tanto con la materia, sino más bien con entender tu función, tus límites y tu comprensión.

Cambios artesanales

Crear y preparar clases no es algo industrial por mucho que su mejora y madurez se base en la repetición. Si haces unos zapatos, el mismo patrón sirve para crear miles de zapatos para miles de personas y no te tienes que preocupar de otras variables. Pero una clase se parece a otra como una ola lo hace a la que viene antes o a la que viene después: todo son olas, pero también todas son diferentes. Hay que saber encontrar la forma de la clase dependiendo de lo que cuentes, de la hora a la que la impartes, del momento del curso, de la edad de los alumnos o de otros mil factores. Los cambios no son para todo y de todo, lo cual hace que sea más artesanal cambiar y también más difícil y fascinante.

¿Y si no hago nada mal?

Una vez localicé a un alumno al que no le caía bien. Supongo que a muchos no les he caído bien (espero que no a muchísimos), pero la mayoría de los alumnos, para lo bueno y para lo malo, vuelan por debajo de tu radar: no sabes qué piensan de ti o de tus clases. Cuando decimos *esta clase es así o asá* nos basamos en nuestras impresiones sobre un 10-30% de los alumnos, el resto son inocuos: no hablan, no dicen nada, no sientes su presencia. Son seres de otro multiverso que a veces deciden interactuar con el tuyo y muchas otras se quedan tan panchos en el suyo. Pero este alumno no era de esos. Sentía que estaba en clase. Le veía que hacía gestos de aburrimiento o rechazo a algunos comentarios míos. Era un *hater*. Intenté cambiar la situación, conectar con él. Fui menos sarcástico, más amable, menos protocolario, más protocolario... Me intimidaba que no fuera capaz de llegarle. No sabía ya qué hacer. Lo intenté todo, esperando con la ilusión de un niño el 5 de enero que mis cambios produjeran cambios, que se diera cuenta de que era un buen profesor. Nada funcionó. Dos años después, en la graduación, lo volví a ver y sentí de nuevo su rechazo. Le pregunté a un amigo suyo si le pasaba algo conmigo y me dijo: «Sí, que no le caes bien». «Pero ¿por qué?, ¿qué he hecho?, ¿qué dije?» Y su amigo me respondió con una sola palabra, que de hecho es uno de los mejores consejos que he oído en casi veinte años de práctica docente: «Déjalo».

Un alumno no son todos los alumnos. En el Titanic no cabían en los botes salvavidas todas las personas que viajaban en el barco: a ti te pasa igual en la clase. No puedes salvarlos a todos, incluso suena presuntuoso que quieras *salvarlos*. Quizá ni tú ni tu asignatura sois tan interesantes o no encajáis en su momento vital o tiene mil problemas y tú apenas eres el número 999. ¿Quién sabe? Si un alumno no quiere escucharte, trata de convencerle de que merece la pena hacerlo, y si sigue sin hacerlo... déjalo en paz. Le pondrás una nota si cumple con el mínimo de atención (40% en clase - 60% sumergido en su móvil) y de pruebas superadas, y a volar.

Después de una clase es bueno tener la actitud emocional adecuada para dar la siguiente clase: solo es eso. No se trata de salvar el mundo y a sus habitantes. Bastantes héroes tiene ya Marvel ocupándose de eso: lo siento, no te necesitan. Así que no siempre tienes que seleccionar mejor los contenidos después de una clase, sino que también tienes que seleccionar a los que te escuchan para que el desinterés de alguno/a/s no sea una losa que nos hunda a todos a la vez.

El cansancio

Después de una clase notas el cansancio y después de muchas clases eres cansancio. El profesor se expone en cada clase y comete errores, tiene despistes. Puedes hacer cosas muy bien, cosas muy mal y cosas desperdigadas entre los dos extremos. Te exiges concentración, orden y flexibilidad, pero el no saber si lograrás estos tres objetivos plenamente te sitúa en un nivel de tensión que lleva tiempo graduar. Esa tensión está en todas las clases si eres responsable, y eso tiene un precio. Hay que tenerlo en cuenta y mantenerse en forma física y emocionalmente. Sé consciente de ello, porque en la medida en que no lo eres te sientes mal según acumulas clases (y años), y entonces el responsable de que algo entre grande y pequeño vaya como no crees que debería ir siempre es el alumno: y eso es injusto. Esas aulas en las que vives son un videojuego de pantallas tan distintas que nadie lo puede entender, aunque se lo expliques, y para pasarlas tienes una barra de energía (y de paciencia) que sube pocas veces, y que se mantiene o baja peligrosamente después de horas de exposición al lado de la pizarra y de frustraciones propias o regaladas generosamente por la actitud de ciertos alumnos. Vigila el origen del cansancio, porque entenderlo –aunque no puedas modificarlo de forma inmediata– conduce a no culpar al alumno más allá de su genuina y (a veces) humilde capacidad de desgaste.

Después de muchas clases...

> Mi vida siguió el mismo curso, en el mismo sitio de siempre.
>
> *Robinson Crusoe,* Daniel Defoe, 1719

El poder de cuidar

Un colega me pidió un día que le ayudara a «cuidar» un examen, es decir, a hacer de espantapájaros para que los cuervos más audaces no picotearan la cosecha... o la dignidad de toda una profesión. Nunca había coincidido con él en un examen, así que aparecí en el aula veinte minutos antes de la hora. El día del examen es algo así como el momento en el que la lava llega al mar. Tú eres ese mar tranquilo y superior. Y ellos son la lava que alcanza una temperatura de entre 850º y 1.200º de dudas y miedos (los que provoca el examen y alguno más). El mar siempre gana. Domina la situación. Siente su poder. Hola. Sentaos. Tomad los folios. Repartidlos. Venga. A ver, por favor, los apuntes fuera. ¿Empezamos? Como veáis, eh. El tiempo es el que es. Hacer un examen es como ir a por el pan: no quieres dedicarle más tiempo del necesario. Si fui algo antes ese día era solo para exhibir amistad. Pero mi gesto quedó arruinado. Al llegar allí, mi colega ya estaba desde hacía tiempo. Entré por la puerta y le vi en medio de un aula vacía de más de cien personas de capacidad terminando de colocar dos folios en cada sitio: primero una hoja y después la otra, despegándolas una a una del montón que llevaba en las manos. Lo hacía sin prisa, incluso disfrutando de cada folio, como si al moverlo hiciera un movimiento de taichí que desde fuera parecía insignificante y desde dentro, maravilloso. «¿Qué haces?», le pregunté. Y recibí la respuesta más simple del mundo: «Colocar los folios». Me dijo que los alumnos siempre llegan nerviosos al examen y que cuando ven los folios allí, en su mesa, en todas las mesas, se relajan. O eso creía él. ¿Cuándo descubrió eso mi colega y de qué forma? ¿Cuánto tiempo ha estado llegando cuarenta minutos o media hora antes a un examen para dejar cada folio en la mesa como si fuera el *welcome pack* de un hotel? Eso ya no me atreví a preguntárselo. Me parecía demasiado íntimo; y quizá me dejaba en evidencia. Aquel día me dije a mí mismo que yo también lo haría... pero nunca lo he hecho. Y es que no es fácil cuidar así.

Cuando das una clase tienes que saber cuidar. Ser profesor es un *thriller:* la clave de todo está al principio de tu carrera, pero hasta casi el final no te das cuenta de qué es. Poco a poco descubres lo que es importante, pero no es algo nuevo. Es algo que siempre estuvo ahí: el poder de cuidar. Es natural que cuando pisas una clase o una sala de conferencias por primera vez escuches tus pasos como si fueran los de un ejército a la carrera, retumbando demasiado fuerte. No estás preparado para miradas y preguntas; no ya de cien personas, ni tan siquiera de una. Tienes miedo a defraudarte a ti mismo, a la sala, al universo.

Pero si repites la experiencia más veces llega el silencio del ego. Quizá a veces por aburrimiento –o por la simple lógica de cómo funcionan las cosas– dejas de ver una parte y ves el todo. Y entiendes cuál es tu espacio y, lo que es más importante, cómo dejar espacio. Aprendes a no obsesionarte contigo y te obsesionas con el alumno. ¿Cómo está? ¿Por qué está ahí? ¿Estoy siendo el profesor que necesita ahora? ¿Qué espera de mí? ¿Qué le puedo dar? Es una obsesión que justo cuando aparece por primera vez debe hacerse cada vez más grande, como un globo al hincharlo. Y a partir de ahí entiendes que estás para decir y para llegar, pero también para cuidar.

También es cierto que hay muchas y diversas formas de cuidar, algunas ciertamente laberínticas, que el alumno solo años después –y no siempre– puede entender como un intento de cuidarlo. Otros nunca lo entenderán. Ni eso ni tantas cosas: no puedes pretender ser el rayo que todo lo atraviesa o que todo lo ilumina, no puedes ser un rayo tan imbécil. Y es bastante sencillo que un idealismo mal entendido te lleve a ser tan imbécil, porque cuidar no es cualquier cosa. Puedes equivocarte con cierta facilidad; incluso resulta más que conveniente que te equivoques. Cuidar es imaginarte lo que te exigiría el alumno si tuviera el hambre de consciencia por su formación que debería tener y que casi ninguno tiene como tú desearías, porque es un horizonte que con su edad no es fácil ver o sentir. Ellos tienen esperanza. Están ahí porque quieren que las cosas les vayan razonablemente bien en su vida y poder encajar en el marasmo general que apenas alcanzan a entender en su oscura y magnífica complejidad. Esa esperanza es su sustrato y tu materia prima. Se sientan en un sitio con la esperanza escondida en los espacios que hay entre las teclas del ordenador; y te miran. Y entonces aparece la magia: la magia no es que te miren, sino que tú los miras a ellos. Te pasas la vida mirándolos, porque están en el centro de todo como la estatua en la plaza. Los observas durante tantas horas, tantos años, tanta vida, ¿para qué? Si en el fondo, piensas, no cambia nada… sí cambia; decide que sí cambia y nadie jamás podrá convencerte de lo contrario.

Anexo: 20 heridas que puedes evitar en el aula

> Le hicieron una herida de mosquete en el brazo e hirieron a dos más, pero ninguno resultó muerto.
>
> *Robinson Crusoe,* DANIEL DEFOE, 1719

¿Cuántos errores echan a perder una clase? No es una ciencia exacta; a veces no hará falta ninguno, en otras ocasiones podrás cometer varios y todo seguirá bien. Un error es una herida: algo que causa daño a la clase… si lo ves. Porque, si no lo ves, no es un error, tampoco es una herida: simplemente es tu forma de enseñar hasta que decidas que cambie.

1. *«Es solo una clase. ¡Qué más da!»* Ni lo digas, ni lo pienses. Lo que haces un día pronto se transforma en lo que haces una semana, y luego todo el mes es así. Quien dice un mes dice un año. Todo un curso. Y un curso se parece mucho al anterior y al que viene después. Viktor Frankl decía que el acto de hoy es el hábito del mañana. Es muy importante tomar conciencia de los hábitos que se tienen y, más aún, de los que se desean tener. Para imponértelos. Para ser tu propia Inteligencia Artificial: alimenta tu algoritmo con lo que tú deseas y no con lo que

dicte el cansancio, la inseguridad mal digerida o la vanidad.

2. *«Es que les da igual todo.»* Tampoco lo digas, tampoco lo pienses. Primero, porque no es verdad. Segundo, porque te estás dando permiso para que te dé igual (casi) todo a ti también. Y si bajas por esa cuesta luego lleva mucho esfuerzo subirla de nuevo.

3. *«Soy el responsable (de forma absoluta) de su pasión o desinterés.»* Puedes ser el mejor profesor del mundo, que siempre te vas a topar con el desinterés. Pregúntate por qué e intenta remediarlo, pero siempre sabiendo que tu pasión no lo mueve todo y que alguien puede decidir estar en el aula como un cactus: vivo, pero cubierto de espinas para ti. Cuando sientes que hay alumnos que no están fíjate en los alumnos que sí están. Heráclito dijo: «Uno vale para mí diez mil si es óptimo». Pues eso.

4. *«Solo soy un profesor.»* Eres muchas más cosas para ellos, lo cual viene muy bien si entiendes la referencia emocional y de dirección vital que necesitan, y muy mal si te lo tomas como una misión. No eres el héroe; ellos lo son. Entiende lo que te piden en un sentido amplio y entenderás mejor qué estás haciendo dentro de la clase.

5. *«Hoy se lo han pasado bien.»* Pero la pregunta no es si se lo han pasado bien, sino si la clase ha ido bien. Dar clase no es entretener, tampoco todo lo contrario: no te empeñes en ser aburrido. (Casi) todo es legítimo siempre que tú sepas cuál es su propósito. Recuerda el parque de atracciones: si nos pasamos todo el día en la montaña rusa, lo pasaremos bien, pero habremos perdido la ocasión de construir una experiencia que podría haber sido mucho más enriquecedora.

6. *«¡Qué buena idea he tenido!»* Depende. ¿Cuándo la has tenido? Te recuerdo una ecuación muy simple: orden + contraorden = desorden. Esta ecuación es una consecuencia directa de lo anterior. Y da igual que sea una idea «brillante» que mejore la clase, el trabajo de la asignatura o cualquier otra tarea que estés llevando a cabo. Confía en tu instinto, pero no permitas que te domine. Si planeas cambiar algo que ya has explicado, o quieres introducir nuevas reglas, ten en cuenta que tal vez no sea tan clara tu explicación como la idea que tienes en la cabeza y, además, es probable que introduzcas confusión en el alumno. Incluso peor, que te diga: «Pero esto da igual para la nota, ¿no?».

7. *«No me puedo equivocar.»* Aunque seas el profesor también te puedes equivocar. Si te convences de que es así no habrá ninguna agresividad hacia los demás cuando te equivoques (y lo vas a hacer). Es bueno

que te permitas la imperfección a un nivel asumible: serás más feliz y harás mucho más felices a los que están contigo en el aula.

8. *«Lo nuevo me hace mejor profesor.»* Lo nuevo siempre viene revestido con cierto halo de superioridad que no tiene por qué ser real. Una nueva tecnología o la última estrategia de innovación educativa te puede ayudar a ser mejor profesor, pero la verdad del oficio está en lo viejo: en qué sientes y esperas de los alumnos y en qué sienten y esperan los alumnos de ti. Ese es tu laberinto: dedica una vida a encontrar la salida.

9. *«Lo nuevo NO me hace mejor profesor.»* Nadie entra en un aula con la expectativa de escuchar la misma clase que has impartido durante los últimos diez años. Así como alquilas una casa y pintas sus paredes para darle una sensación de frescura y novedad, no olvides dar ese toque de renovación a tus clases. No es necesario cambiarlo todo, pero es crucial infundir un matiz de novedad que, incluso al que lleva los apuntes de los últimos años, le descoloque cuando quiera subrayarlos.

10. *«Ha sido mi mejor clase en años y estos ni se han dado cuenta.»* La pasión y el arrebato durante la clase son cosas maravillosas para ti. Sentir que estás en tu pequeño éxtasis y que la clase fluye, porque crees que es suficiente con que las palabras y el conocimiento fluyan

de tu cerebro a tu boca exactamente como buscabas, es un error. ¿Y a dónde van a continuación? Es maravilloso estar en éxtasis, pero asegúrate de que estás acompañado y no hablando ensimismado ante un grupo de estudiantes que miran nerviosos su móvil y la puerta de salida. Por muy bien que te sientas tú, no merece la pena hacer ese viaje en solitario.

11. *«Aquí mando yo.»* Olvídate de demostrar con lo que haces o lo que dices que mandas tú, porque el único que puede tener dudas sobre esa realidad eres tú mismo. Y eso se aplica también a imponer ritmos, tiempos, etc. Ser exigente no es lo mismo que ser inflexible. Vive tu profesión para la clase, no para demostrarte que nadie se ha equivocado eligiéndote como profesor.

12. *«Si no les pongo todo en el campus virtual, luego dicen que soy un mal profesor.»* Si dejas apuntes, libros, presentaciones en Power Point, recomendaciones con las mejores series de Netflix, HBO y Disney+ o el *email* de tu terapeuta, por si lo necesitan, en el campus virtual no eres un buen profesor: eres una buena abuela. Y las abuelas a veces no ayudan. Traducir a su propio lenguaje tus clases es parte muy importante de su formación. No lo olvides.

13. *«Cada año vienen peor preparados.»* No subestimes su inteligencia (ni su imprudencia), porque siempre te

sorprenderán (para bien o para mal) en sus actuaciones, preguntas, trabajos o intervenciones. Intenta considerarlos simplemente como personas adultas con expectativas y decepciones basadas en sus propias experiencias de vida (que desconoces). Sé comprensivo con cada uno de ellos, ya que nunca sabes cuál es su trasfondo. No todos requieren el mismo tiempo ni el mismo tipo de explicaciones.

14. *«Ni que fueran clientes.»* Ojalá, pero no es así (al menos en la universidad pública). Son alumnos, es decir, seres humanos por hacer que tiemblan, dudan y tienen mucho miedo a hacer las cosas mal (en tu clase y en general) y que, con poco que los apoyes, suelen dar lo mejor de sí. Y si no lo hacen es porque están en medio de un marasmo más grande que tú y tu clase. Tienes el poder de cuidarlos y hay muchas formas de hacerlo.

15. *«Lo más importante lo doy al principio, que luego no me queda tiempo.»* Por favor, no seas narcisista. ¿Cómo narcisista? Pero si lo hago por ellos. Pues si lo haces por ellos piensa qué momento es mejor para que estén atentos a «lo más importante» y no qué momento es mejor para ti, porque tienes más energía y así te quitas el miedo de que durante la clase no lo des tan bien o te tengas que apresurar al final por falta de tiempo. El principio de la clase no es su mejor momento, porque vienen llenos de su mundo. Poco a

poco se vacían de él. Ahí es donde tienes que atacar con «lo más importante»... y no dejarlo tampoco para el final cuando están deseando volver a llenarse de su mundo.

16. *«Hay preguntas que no sirven para nada.»* Todas las preguntas o intervenciones son útiles, porque te permiten saber dónde está la clase (o parte de ella) y te ayudan a poner en contexto tu materia. Además, las malas preguntas bien gestionadas reducen el miedo a preguntar. Esto es así incluso en tiempos en los que algunos colegas premian la participación en clase con un suicida 10% de calificación. Por mucha menos nota los alumnos son capaces de estar un mes sin mirar el móvil: así que imagina lo que pueden preguntar *dopados* con ese porcentaje.

17. *«Este Power Point me salva la clase.»* Es decir, que unas imágenes y algunos párrafos (que ya vamos mal si hablamos de párrafos) son la parte más importante de tu clase, incluso ese Power Point es tan bueno que podrías no estar... Bonito sabotaje. El Power Point es una buena herramienta si tiene conciencia de parte, y tú decides cuál es esa parte que le das en la construcción emocional y epistemológica que significa dar una clase. No regales tu poder a la tecnología.

18. *«Hoy se suben a las mesas y me gritan: "¡Oh, capitán! ¡mi capitán".»* No, no busques entrar en el aula de *El*

club de los poetas muertos, ni en una clase de alumnos inadaptados en riesgo de exclusión social *(Mentes peligrosas,* con Michelle Pfeiffer). No hacemos cine para representar la realidad, sino para vengarnos de ella. Por eso es muy peligroso confundir el cine con tu desempeño diario: es la autopista directa a la decepción cuando las cosas no sucedan como en tu referencia de lo sublime. Construye, ilusiónate y propón desde la realidad, no desde tus fantasías.

19. *«Vosotros lo que tenéis que hacer es…»* Si explicas qué tienen que hacer con su vida (o a quién votar o qué comer), porque crees que no saben nada, eres un seguidor (para tu desgracia) de la corriente filosófica del *cuñadismo.* No asumas más prejuicios de los que debes asumir por su juventud, inexperiencia o desconocimiento de algún aspecto de tu asignatura. No confundas su educación y su formación con la arrogancia de decir qué es lo que deben hacer o pensar.

20. *«La clase acaba en el aula.»* Y sí, tú estás aquí para dar clase, pero hay cosas que afectan a los que están en clase antes y después de entrar en el aula, y que a veces emergen en el pasillo, en una tutoría o en cualquier parte del multiverso. Montaigne decía que el profesor tenía que entender dónde está el alumno y saber medir la distancia que los separa: «Es bueno que le haga trotar ante él para hacerse una idea de

su marcha y ver hasta qué punto ha de descender para adaptarse a su fuerza. Si esta proporción falta, lo echaremos todo a perder; y el saber dar con ella es una de las más arduas tareas que conozco (...)». Esto lo escribió en el siglo XVI y hoy sigue pasando lo mismo y dentro de otros diez siglos también sucederá igual. Ese «trotar», cuando tienes sesenta o setenta alumnos, lo puedes ver casi mejor fuera que dentro de clase. ¿Es posible hacerlo? Ni eres una máquina autoservicio 24 horas ni un tipo tan inocente como para pensar que tus horas de trabajo (y de atención) son las que dicta el Ministerio de Educación, así que debes encontrar el espacio intermedio en el que quieras estar: ese lugar siempre son más horas de las que imaginaste, pero menos de las que necesitarían. Es arduo, como dice Montaigne, pero también es bonito.

Este libro se acabó de imprimir en diciembre de 2023
en los talleres de Liberdúplex, s. l.
Ctra. BV 2241, km 7,4
Polígono Torrentfondo
08791 Sant Llorenç d'Hortons
(Barcelona)